DRAUSSEN BACKEN

HEEL Verlag GmbH
Gut Pottscheidt
53639 Königswinter
Tel.: 02223 9230-0
Fax: 02223 9230-13
E-Mail: info@heel-verlag.de
www.heel-verlag.de

überarbeitete 5. Auflage 2022

In Kooperation mit
Petromax

Die Fotografin **Sandra Then** arbeitet in den Bereichen Portrait, Schauspiel und Oper, Reportage und Food. Ihre Bilder sind international in Ausstellungen vertreten.

Autor: Carsten Bothe
Satz und Gestaltung: HEEL Verlag GmbH, Axel Mertens, Christine Mertens
Lektorat: Ulrike Reihn-Hamburger

Fotos: Sandra Then-Friedrich, Bonn. www.then-fotografie.de
Mit Ausnahme von:
© Petromax: Product-Icons, 9, 79, 98, 105, 110, 129
© Thinkstock by Getty Images: Igor_S 12, ermess 28,
© akg-images/Science Source: 13
© Sascha Lotzmann, kuestenglut.de: 23 und U1

Printed in Slovenia

ISBN 978-3-95843-626-8

CARSTEN BOTHE
SANDRA THEN (FOTOGRAFIN)

DRAUSSEN BACKEN

DAS PETROMAX OUTDOOR-BACKBUCH

HEEL

INHALT

VORWORT

Liebe Leser,

dank Petromax hat das Kochen und Backen am Lagerfeuer und in der „Draußen-Küche" in den letzten Jahren einen ungeahnten Aufschwung erlebt. Doch wichtig sind nicht nur eine hervorragende Gusseisen-Ausrüstung aus guten Feuertöpfen und -pfannen, Kasten- und Muffinformen oder anderen Utensilien der Outdoor-Küche, man braucht auch erprobte und praxistaugliche Rezepte. Für ein einfaches Schichtfleisch gibt es inzwischen im Internet hunderte Rezepte und Abwandlungen, aber zum Thema Backen, der eigentlichen Bestimmung des Dutch Ovens, findet sich leider nur recht wenig. Das liegt vermutlich daran, dass beim Draußen-Kochen meist die Männer den Kochlöffel – oder eher die Steakgabel – schwingen und daher die Rezeptauswahl sehr fleischlastig ist. Doch „Dopf" & Co. können so viel mehr!

In diesem Buch zeigen wir neben Klassikern wie Zimtschnecken und jeder Menge Neuheiten auch einige alte Rezepte aus der „Arme-Leute-Küche" oder vom Chuckwagon. Ich möchte an dieser Stelle den Herren der Schöpfung Mut machen. Ein Hefeteig ist nicht schwierig herzustellen und der Weg ins Herz einer Dame führte schon immer über einen guten Kuchen. Leider kennen sich die meisten Griller mit dem Backen nicht gut aus, auch wenn es eigentlich einfacher ist als ein Brisket „low and slow". Versuchen Sie doch einmal bei der nächsten Smoker-Session, wenn ein „Long Job" Sie für etliche Stunden an den Smoker oder den Kugelgrill fesselt, nebenher die Hamburger Buns selbst zu backen. Zeit haben Sie genug – und wenn es beim ersten Mal nichts wird, ist der Schaden gering. Wenn es aber klappt, dann werden Sie durch Geschmack und Konsistenz für die recht geringen Mühen reichlich entschädigt und die Buns zukünftig nur noch selbst backen wollen.

In diesem Sinne wünsche ich Ihnen viel Spaß beim Ausprobieren der Rezepte und immer gut Glut!

Herzlichst, Ihr

CARSTEN

GRUSSWORT

**Liebe Feuertopf-Profis
und Draußen-Köche,
liebe Genießer und Gourmets,**

als Outdoor-Enthusiasten sind Sie hervorragend vertraut mit offenem Feuer, der Produktwelt von Petromax und allerlei Accessoires. Sind Sie bereit für die Königsdisziplin über den Flammen – das Backen? Überraschen Sie Ihre Gäste mit saftigen Kuchen, selbstgebackenem Brot und herzhaften Gerichten aus Feuertopf, Kastenform und Co. Dieses Buch hält jede Menge Anregungen rund um das Draußen-Backen bereit. Ihren Genuss-Abenteuern sind dabei keine Grenzen gesetzt.

Dank der großen Bandbreite an Produkten, die Petromax in den letzten Jahren auf den Markt gebracht hat, ist die Draußen-Küche um viele Möglichkeiten reicher geworden: Feuertöpfe, Kasten-, Muffin- und Gugelhupf-Form, Waffeleisen, gusseiserne Pfannen und umfassendes Zubehör – dieses Buch lässt Sie eintauchen in die Welt des Backens über offenem Feuer!

Leidenschaft für unsere Produkte, Respekt vor der Tradition und Begeisterung bilden das Fundament für die Motivation und Stärke von Petromax. Als Spezialist in Sachen Draußen-Kochen und Draußen-Backen setzen wir dabei vor allem auf hochwertige Produkte: Ihre Ausrüstung wird Sie über Jahre hinweg auf Ihren Abenteuern und neuen kulinarischen Wegen begleiten. Genießen Sie mit Petromax die Faszination Feuer.

Mit dem vorliegenden Buch „Draußen Backen – Das Petromax Outdoor-Backbuch" haben wir für Sie das Repertoire an abwechslungsreichen Rezepten erweitert. Zudem erhalten Sie wertvolle Tipps und Tricks im Umgang mit Gusseisen und Co., die das Backen über offenem Feuer erleichtern. Wir sind stolz darauf, Ihnen nach einer intensiven gemeinsamen Arbeit dieses außergewöhnliche Backbuch präsentieren zu dürfen. Ein großer Dank geht an Carsten Bothe und den HEEL Verlag!

Draußen Backen, das Feuer knistern hören und mit viel Genuss die Natur erleben – nach wie vor ein einzigartiges Erlebnis!

**Viel Freude beim Experimentieren und guten Appetit
wünschen Jonas & Dr. Pia Christin Taureck**

BACKEN AM LAGERFEUER

Frisches Brot oder Brötchen, Zimtschnecken oder eine Pastete lassen das Herz des Lagerfeuer-Gourmets hochschlagen. Nur traut sich kaum jemand an diese Leckereien heran. Dabei ist es ziemlich einfach, wenn Sie den Rezepten folgen und mit etwas handwerklichem Geschick und Intuition an die Sache herangehen. Übung macht den Meister. Bevor Sie sich am Sauerteigbrot versuchen, sollten Sie zunächst vielleicht erst einmal mit einem Pfannkuchen auf der Feuerplatte beginnen. Dieser ist leicht gemacht und Sie gewöhnen sich an das Arbeiten mit dem Teig.

Bei den Rezepten sollten Sie sich für den ersten Versuch ziemlich genau an das Rezept halten, dann klappt das schon. Nehmen Sie am Anfang nur einfache Rezepte und wandeln Sie möglichst wenige Komponenten ab. Sobald Sie dann ein Rezept ein paarmal gemacht haben und Sie das Ergebnis zufriedenstellt, können Sie beginnen, das Rezept abzuwandeln, aber auch dann möglichst immer nur eine Variante pro Backvorgang.

BACKZEITEN

Die Backzeiten hängen im Wesentlichen von der Energie ab, die die Kohlen abgeben. Sobald ein Teig angebacken ist und sich die Luftblasen bilden, isoliert diese Luftschicht das Innere des Brotes vor der Hitze. Mit anderen Worten: Die Hitze dringt immer schlechter nach innen vor. Da hilft es, bei niedriger Temperatur weiter zu backen, denn bei zu viel Hitze verbrennt der Teig, bevor er innen durchgebacken ist.

LEGENDE

- Poffertjespfanne
- Pfanne
- Kastenform
- Gugelhupfform
- Grill- und Feuerschale
- Muffinform
- Feuertopf
- Lagerfeuer-Spieße
- Waffeleisen
- Sandwicheisen

halber Ring = wenig Hitze

ganzer Ring = mittlere Hitze

DIE EINFACHE RING-METHODE ZUR HITZESTEUERUNG

Zur Befeuerung des Feuertopfes stellen sich einige Fragen nach Anzahl der Briketts, Gartemperaturen etc. Natürlich wünscht man sich möglichst genaue Angaben, doch Wetter, Kohleart, Außentemperaturen etc. bilden zu viele Variablen. Doch um es einfach zu machen: Es gibt nur drei Einstellungen, nämlich wenig Hitze, mittlere Hitze und starke Hitze.

Legen Sie einen Ring Kohle dicht an dicht an den Rand des Deckels sowie unter den Topf. Da der Topf unten einen geringeren Durchmesser besitzt, liegen dort auch weniger Kohlen als auf dem Deckel. Dies ist Ihre Ausgangsposition für **mittlere Hitze**. Aber die Kohlen bleiben natürlich nicht dort liegen, sondern werden gleichmäßig auf dem Deckel bzw. unter dem Topf verteilt. Es geht nur darum, die Anzahl der Kohlen festzustellen. Für **wenig Hitze** nehmen Sie jede zweite Kohle aus Ihrem Ring. Für **starke Hitze** geben Sie so viele Kohlen auf den Deckel und unter den Topf, wie darauf bzw. darunter passen.

doppelter Ring = starke Hitze

BACKOFEN-TEMPERATUREN

Wenn Sie die Gerichte nicht am Feuer, sondern im heimischen Backofen zubereiten möchten, wählen Sie bitte folgende Temperaturen:
halber Ring: 180 °C
ganzer Ring: 200 °C
doppelter Ring: 220 °C
Es handelt sich dabei nicht um die Temperatur im Feuertopf, sondern um die Einstelltemperatur Ihres Backofens! Wählen Sie nach Möglichkeit Umluft, mit Ober- und Unterhitze geht es jedoch auch.

BACKEN MIT HEFE UND SAUERTEIG

Was ist eigentlich Hefe und was ist Sauerteig? Ganz einfach: Wenn eine Mischung aus Wasser und Mehl längere Zeit an der Luft stehen bleibt, dann sammeln sich in der Luft befindliche Hefepilze und Essig- sowie Milchsäurebakterien in der Wasser-Mehl-Mischung. Diese stellt einen idealen Nährboden für die Bakterien und Hefepilze dar, sodass sie sich fleißig vermehren. Die Hefe verarbeitet den Zucker, der in geringer Menge in der Mischung vorhanden ist, und bildet daraus Alkohol und CO_2. Die Essigsäurebakterien verwandeln den Alkohol und machen daraus Essigsäure und CO_2 und einen ganz kleinen Teil Aceton. Der Teigansatz riecht daher erst nach Bier und Alkohol, später säuerlich und ganz leicht nach Verdünner oder Pinselreiniger. Er schmeckt zudem säuerlich. Idealerweise beschleunigt man diesen Vorgang durch Zugabe von frischem oder trockenem Sauerteig. Sollte der Teig aber faul oder moderig riechen, ist er verdorben und muss entsorgt werden.

Sauerteig gelingt am besten mit Roggenmehl, aber auch mit Weizenmehl kann man ihn ansetzen.
Um beginnen zu können, brauchen Sie einen Starter, also etwas Sauerteig. Diesen erhalten Sie entweder vom Bäcker, von Freunden, die mit Sauerteig backen, oder aber in flüssiger Form in Beuteln verpackt im Backregal des Supermarktes. Egal, aus welcher Quelle der Sauerteig stammt, er muss zuerst wieder zum Leben erweckt werden. Lösen Sie den trockenen Sauerteig so auf, dass er von der Konsistenz wie flüssiger Waffelteig ist. Den flüssigen Sauerteig verwenden Sie so, wie er ist. Sie können den aktiven Sauerteig nur immer mit der gleichen Menge „Futter“ versorgen. Dazu nehmen Sie Roggenmehl und Wasser und geben beides zum Starter, sodass Sie am Ende wieder den flüssigen Teig in doppelter Menge erhalten. Jetzt decken Sie den Ansatz ab und stellen ihn einen Tag an einen warmen Platz. Am nächsten Tag können Sie den Teig wieder füttern, und zwar mit der Menge an Mehl und Wasser, die den Ansatz nun wieder verdoppelt. Der Sauerteig sollte sauer und alkoholisch riechen und Blasen schlagen. Dabei steigt der Ansatz gerade im Sommer und bei warmem Wetter sehr hoch und kann aus dem Topf überlaufen. Sie sollten den Topf mit dem Ansatz daher nur höchstens halb voll machen und in eine Wanne oder Schüssel stellen, um eventuell überlaufenden Teig aufzufangen. Nach drei oder vier Fütterungen sollten Sie schon eine große Menge Sauerteigstarter erhalten haben. Dies ist etwas mehr als Sie für das Backen mit dem Feuertopf benötigen, es sei denn, Sie nutzen den ft18.
Zum Backen wird der Sauerteig mit dem Mehl und anderen Zutaten aus dem Rezept vermischt und kurz durchgeknetet. Bei einem Roggenmehl-Teig entwickeln sich die teigbildenden Eigenschaften im Gegensatz zum Weizenmehl sehr schnell. Er darf daher nur kurz geknetet werden.

Von dem Sauerteig sollten Sie eine Portion für die nächsten Backvorhaben zurückbehalten. Entweder Sie nutzen den flüssigen Starter weiter und füttern ihn gleich, dann sollten Sie aber auch in einigen Tagen wieder backen. Alternativ verkneten Sie den Sauerteig mit Mehl, bis er so trocken wird wie ein fester Brotteig. So hält er sich im Kühlschrank einige Tage, wenn nicht sogar Wochen. Die dritte Möglichkeit ist, den Starter auf einem mit Backpapier ausgelegten Backblech zu verstreichen und in die Sonne zu stellen, bis er staubtrocken und luft- und lichtdicht verpackt Jahrzehnte haltbar ist.

In Nordamerika und Kanada mussten die Kinder im Herbst Ahornblätter sammeln, mit denen dann die Dutch Oven ausgelegt wurden. Die Blätter lagen mit dem spitzen Ende zur Mitte hin, die Stiele standen am Rand hoch, sodass man dort anfassen konnte, um den Kuchen herauszuheben.

DIE BACKWAREN EINFACH AUS DEM TOPF LÖSEN

Sobald Hefeteige richtig durchgebacken sind, ziehen sie sich ein klein wenig zusammen. Das öffnet einen Spalt zwischen dem Brot und der Wand des Topfes. Und wenn Ihr Topf gut eingebrannt ist, sich auf der Innenseite also eine schwarze Schicht aus eingebranntem Öl, die sogenannte Patina, gebildet hat, und der Topf vor dem Backen gut mit Mehl eingestäubt wurde, können Sie das Backwerk aus dem Topf heben oder den Topf umdrehen und den Inhalt hinausschütteln. Es ist nicht notwendig, den Topf grundsätzlich mit Backpapier auszulegen. Das Entscheidende ist die richtige Patina. Sie sollten daher nach Möglichkeit die flachen Töpfe für das Backen reservieren und in diesen keine Speisen zubereiten, die die Patina angreifen, wie beispielsweise Chili mit Tomaten.

Bei einer Brötchensonne oder bei Zimtschnecken, die alle zusammengebacken sind, können Sie entweder mit einer langen Fleischgabel sehr schräg in den Teig stechen und das Backwerk in einem Stück herausnehmen. Oder Sie legen zwei Streifen Backpapier, etwa zwei Fingerbreit geschnitten, kreuzweise unten in den Topf, bevor Sie den Teig hineingeben. Nach dem Backen können Sie an den überstehenden Enden das Papier anfassen und das Backwerk herausheben. Die dritte Möglichkeit ist, mit hitzebeständigen Handschuhen den Topf mitsamt dem Deckel zu greifen, den Topf zu drehen und vom Deckel abzunehmen. Dann liegt der Inhalt auf dem Kopf im Deckel. Jetzt legen Sie eine Tortenplatte auf die Unterseite des Backwerks und drehen das Ganze erneut. Nun liegt es richtig herum auf der Platte.

Bei einigen Backwaren, wie beispielsweise den Cobblern oder Pasteten, ist es schwierig bis unmöglich, sie aus dem Topf zu lösen. Daher werden diese Speisen direkt aus dem Feuertopf heraus mit einem Löffel ausgegeben. Manche Gerichte, wie beispielsweise die Apple Pie, sollten Sie in separaten Formen vorbereiten und auch darin in einen Feuertopf stellen und so backen.

COWBOY-VERPFLEGUNG

Backen im Dutch Oven hat bei den Cowboys des Mittleren Westens eine lange Tradition. Allerdings war die Verpflegung der Cowboys genauso einfach wie eintönig. Zum Frühstück gab es Bohnen und Sauerteig-Pfannkuchen, gebacken in Speckfett. Am Abend Bohnen und Sauerteigbrötchen. Das hängt damit zusammen, dass der Sauerteig immer eine gewisse Zeit zum Gehen braucht. Am Morgen hatte der Koch aber keine Zeit, sich lange mit dem Teigkneten zu befassen. Daher wurde der Sauerteig flüssig angerührt und zu Pfannkuchen gebacken. Den Tag über hatte er Zeit und konnte den aufwendigen Teig für die Brötchen vorbereiten und sie auch in mehreren Durchgängen für das warme Abendbrot backen.

BROT

NO-KNEAD-BREAD (BROT OHNE KNETEN)

Roggen und Weizen sind die in Deutschland am häufigsten verwendeten Brotgetreide. Roggen ist herzhafter und sättigender, klebt beim Kneten jedoch stark an den Händen und benötigt Sauerteig, um Geschmack und Struktur zu bekommen. Weizen ist heller und leichter und muss reichlich geknetet werden, um das Gluten, den Weizenkleber, aufzuschließen. Dann kann der Teig große Luftblasen einschließen, gut aufgehen und große Löcher in der Krume produzieren. Für Anfänger sind beide Mehlsorten und die Mischformen nur schlecht geeignet. Glücklicherweise gibt es aus Amerika ein Rezept – besser eine Arbeitsweise –, die das Kneten überflüssig macht. Die Arbeit an dem Teig überlässt man der Hefe und der Zeit. Die recht sparsam eingesetzte Hefe hat bei Kühlschranktemperatur 12 Stunden Zeit, den Teig so aufzubereiten, dass er sich backen lässt. Bei den wenigen Zutaten ist es sehr wichtig, diese sauber auszuwiegen, damit der Teig hinterher auch die passende Konsistenz bekommt und sich vernünftig backen lässt.

ZUTATEN FÜR EINEN FT9:

- 800 g Mehl Type 550
- 650 ml Wasser (650 g)
- ¼ Würfel frische Hefe oder ½ Päckchen Trockenhefe
- 1 TL Zucker
- 1 EL Salz

DIE EINZELNEN ZUTATEN

Das Mehl ist die wichtigste Zutat beim Backen. Je nach Einstellung der Mühle erhalten Sie unterschiedliches Mehl, das für die verschiedenen Anwendungsgebiete optimiert ist. Ob Sie Pizza, Rührkuchen oder Spaghetti herstellen, immer ist Weizenmehl die Grundlage, aber jedes Mal sollten Sie eine andere Type Mehl verwenden. Für unser Brot ist die Type 550 (Brötchenmehl) notwendig. Es sollte in jedem Supermarkt erhältlich sein. Das normale und am meisten verbreitete Mehl ist die Type 405, die aber eher für Kuchen geeignet ist.

Beim Wasser sollten Sie auch die Waage beim Abmessen nutzen, denn sie misst genauer als ein Messbecher. Das Salz ist für den Geschmack und für den Glanz der Kruste wichtig, aber es ist Gift für die Hefe. Wer also die Hefe mit etwas Wasser und Zucker sowie dem Salz auflöst, um sie zu aktivieren, der tötet sie durch den zu hohen Salzgehalt. Deshalb wird das Salz mit dem Mehl gemischt, dann ist es so verdünnt, dass es der Hefe nicht mehr gefährlich werden kann.

Als Hefe verwenden Sie entweder frische Hefe aus dem Kühlregal oder Trockenhefe aus dem Tütchen. Manche Bäcker schwören auf Frischhefe, andere auf die Trockenhefe. Ich bevorzuge die Trockenhefe, wobei aber der richtige Umgang mit dem lebenden Organismus „Hefe" viel wichtiger ist als das Ausgangsmaterial. Wer einmal das Gefühl für die unter-

schiedlichen Arbeitsweisen entwickelt hat, macht sowohl aus frischer Hefe als auch aus Trockenhefe wunderbare Gebäcke.

Der während des Gärprozesses entstandene Alkohol verdampft beim Backen und ist im Endprodukt nicht mehr zu schmecken. Das CO_2 treibt den Teig auf und bildet die Blasen in der Krume. Die Hefe benötigt – um sich wohlzufühlen – Wasser, Zucker und Wärme. Alle drei Faktoren müssen aufeinander abgestimmt sein: Ist der Teig zu trocken, dann kann sich die Hefe nicht richtig entwickeln. Fehlt der Zucker, dann fehlt damit die Nahrung und die Hefe verhungert. Bei einem ausreichend feuchten Teig und genügend Zucker ist dann die Temperatur entscheidend: Je wärmer es ist, desto intensiver gärt die Hefe und treibt den Teig auf. Bei Kühlschranktemperatur arbeitet die Hefe zwar auch, aber nebenbei bildet der feuchte Teig noch weitere Geschmackskomponenten. Auch das Gluten wird aufgeschlossen, sodass der Teig große Löcher in der Krume bilden kann.

Zum Vorbereiten wird die Hefe mit einem Teil des abgemessenen Wassers angesetzt, eine halbe Tasse reicht aus. Dazu geben Sie den Zucker. Nach einer Stunde in der Wärme sollte die Flüssigkeit blubbern. Geben Sie zu dem Mehl das abgemessene Salz und mischen Sie gut durch, dann kommt der Starter aus Hefe und Zucker dazu. Geben Sie jetzt den Rest des abgemessenen Wassers dazu und mischen Sie den Teig nur so durch, dass alle Mehlnester verschwunden sind. So stellen Sie den Teig abgedeckt 12 Stunden in den Kühlschrank.

Vor dem Backen legen Sie den portionierten Teig vor sich auf die bemehlte Arbeitsfläche. Nehmen Sie eine Seite des recht flüssigen Teiges und falten Sie diesen viermal zur Mitte hin. Nun kann der Teig mit der gefalteten Seite nach unten in den Topf gelegt werden.

Zum Backen erhitzen Sie einen Feuertopf mit etwa 15 Briketts unter dem Topf, er sollte sehr heiß werden (ca. 250 °C), geben den Teig in den Topf, decken den Deckel darauf und backen das Brot bei wenig Hitze von unten und oben (halber Ring). Schauen Sie nach 45 Minuten das erste Mal nach dem Brot, dann alle 15 Minuten, da es so stark aufgeht. Nehmen Sie zum Schluss der Backzeit einige Kohlen unter dem Topf heraus und geben Sie sie auf den Deckel und damit Oberhitze zu, um die Kruste zu bräunen.

Sobald das Brot fertig ist, zieht sich der Rand am Boden zurück, das Brot klingt hohl, wenn man auf den Boden klopft, und die Kerntemperatur liegt über 95 °C.

Holen Sie das Brot aus dem Feuertopf und lassen Sie es auf einem Gitter abkühlen.

Feuertopf

Backen im Feuertopf

In Amerika waren die gusseisernen Dutch Oven oder Feuertöpfe eigentlich für das Backen von Maisbrot und Brötchen vorgesehen, zumindest damals, als diese Produkte noch auf dem täglichen Speiseplan standen. Die Petromax Feuertöpfe haben aber einige Eigenschaften, die sie universell einsetzbar machen: Der Deckel kann auch als Pfanne zum Anbraten benutzt werden und besitzt im Gegensatz zu anderen Topfdeckeln ebenfalls Füße. So kann er sicher stehend über Kohlen erhitzt werden. In einer bestimmten Position öffnet sich ein Loch für einen Thermofühler. Drehen Sie den Deckel etwas weiter, schließt sich das Loch wieder.

Feuertöpfe sind mit und ohne Füße erhältlich und passen sich so jedem Untergrund und jeder Einsatzart optimal an. Sie sind in den Größen ft 0.5, ft1, ft3, ft4.5, ft6, ft9, ft12 und ft18 erhältlich und fassen von kleinsten Mengen von 0,56 Liter, z.B. für Saucen oder Desserts, bis hin zu 16,1 Litern für über 20 Portionen Auflauf oder große Braten.

Schüsseln und Co. im Feuertopf

Gerade die großen Feuertöpfe sind auch ideal, um darin mit Auflaufformen und ähnlichem Geschirr zu arbeiten. Je kleiner der Topf wird, desto kleiner wird die Form, die noch darin Platz findet, denn der Rand muss frei bleiben, damit man die Form nach dem Backen herausheben kann. Bei einigen Rezepten wie Pasteten oder Puddings ist es auch vorteilhaft, die einzelnen Gerichte schon vorzubereiten und dann in Pie-Formen oder Pizzablechen in den Feuertopf zu stellen, zu backen und dann in der Form direkt auf den Tisch zu geben.

Um sie anschließend einfach wieder herauszubekommen, können Sie einen Gussrost oder einen Stapelrost unter die Form in den Feuertopf stellen und auch die Luftzirkulation positiv beeinflussen. Oder Sie legen zwei Streifen Backpapier im Kreuz unter die Form, so können Sie mit zwei Händen an dem Papier anfassen und die Form zumindest soweit anheben, dass Sie diese herausheben können – mit Hitzeschutzhandschuhen. Für die Pizzableche gibt es spezielle Zangen aus Aluminium, die so massiv und funktional sind, dass Sie damit auch schwer beladene Bleche sicher aus dem Topf heben können.

ZUTATEN FÜR DEN FT6 ODER FT9

- 500 g Weizenmehl Type 1050 oder noch besser frisch gemahlenes grobes Vollkornmehl
- 2 TL Natron
- 3 EL Butter
- 1 TL Zucker
- 1 TL Salz
- ca. 350 ml Buttermilch

IRISCHES SODABROT

In Irland ist ein Brot, das mit Soda (alter Begriff für Natron) gebacken wurde, ein Stück Tradition. Die Iren waren früher gerade auf dem Lande sehr arm und ein solches Brot war neben dem eintönigen Getreidebrei eine angenehme Abwechslung. Wichtig ist die hohe Qualität des Mehls, diese entscheidet bei den wenigen Zutaten über den Geschmack.

SO WIRD'S GEMACHT

Zuerst müssen Sie den Feuertopf mit wenig Hitze von unten und mittlerer Hitze von oben vorheizen. Geben Sie alle trockenen Zutaten und die Butter in eine Schüssel und arbeiten Sie die Butter mit den Händen ein, bis sie nicht mehr zu sehen ist. Geben Sie die Buttermilch dazu, bis ein glatter, weicher Teig entstanden ist, der nicht mehr auseinanderfließt. Da hier die Qualität des Mehls darüber entscheidet, wie viel Flüssigkeit der Teig aufnimmt, stellt die Menge von 350 ml nur einen Richtwert dar, nehmen Sie mehr oder weniger, je nach Gefühl und Bedarf.

Zum Backen formen Sie einen runden Laib und geben diesen in den gefetteten und mit Mehl bestäubten Feuertopf. Schneiden Sie ein tiefes Kreuz in die Oberfläche. Besprühen Sie die Oberfläche und die Innenseiten des Feuertopfes mit Wasser, um ein feuchtes Klima zu erzeugen. Nach 45–50 Minuten sollte der Laib gut durchgebacken sein und beim Klopfen hohl klingen. Brechen Sie das Brot entlang des eingeschnittenen Kreuzes in vier Teile und servieren Sie es warm mit Butter und Marmelade, z.B. zum heißen Tee.

KOGGEN ROGGEN

Mit diesem Rezept mitsamt Foto konnte Sascha Lotzmann von Küstenglut.de unseren Grillblogger-Wettbewerb im Jahr 2018 ganz klar für sich entscheiden. Herzlichen Glückwunsch und vielen Dank für die tolle Anregung!

ZUTATEN FÜR EINEN FT4.5

- 600 g Roggenmehl Type 1150
- 300 g Weizenmehl Type 550
- 2 Tütchen fertiger Sauerteig
- 2 Tütchen Trockenhefe
- 3 TL Brotgewürz (Anis, Fenchel, Kümmel, Koriander)
- 3 TL Salz
- ca. 500 ml Wasser

SO WIRD'S GEMACHT

Geben Sie die trockenen Zutaten in eine Schüssel und fügen Sie nach und nach das Wasser hinzu. Verkneten Sie das Ganze zu einem Teig, der durchaus noch klebrig sein darf – nur nicht flüssig. Formen Sie den Teig auf einer bemehlten Fläche mit reichlich Mehl an den Händen zu einem Brotlaib und lassen Sie ihn mit der glatten Seite nach oben und dem sogenannten „Schluss" unten in einen bemehlten Gärkorb fallen. Statt des Gärkorbs können Sie auch ein mit einem groben Geschirrtuch ausgelegtes grobes Sieb verwenden. Heizen Sie am Lagerfeuer den Feuertopf 4.5 kräftig vor. Wenn sich das Volumen des Teigs etwa verdoppelt hat, heizen Sie zunächst den Feuertopf mit wenig Hitze unten und mittlerer Hitze oben vor. Nehmen Sie den Deckel nach ca. 5 Minuten ab und geben Sie den Brotlaib mit dem Schluss nach oben in den heißen Feuertopf.
Backen Sie das Brot bei mittlerer Hitze auf dem Deckel etwa 40 Minuten. Wenn sich oben die gewünschte Kruste gebildet hat, nehmen Sie den Großteil der Kohle vom Deckel und backen mit wenig Hitze weiter. Backen Sie das Brot bis zu einer Kerntemperatur von 90 °C und nehmen Sie es dann gleich aus dem Feuertopf. Klopft man jetzt auf den Boden des Brotes, sollte es hohl klingen. Lassen Sie es auf einem Rost abkühlen.

Ich habe festgestellt, dass der Gussrosteinsatz gute Dienste leistet, damit unten nichts anbrennt. Die Hitze kann man gut regulieren, wenn man den Feuertopf von einem Dreibein hängen lässt und dann den Abstand einstellt.

MAISBROT

Maisbrot ist in Amerika eine typische Beilage zu warmen Gerichten. Seine Konsistenz ist eher mit einem Rührkuchen zu vergleichen, denn Maismehl enthält keinen Kleber und kann daher nicht wie Weizen zu richtigen Broten verbacken werden.

ZUTATEN FÜR EINEN FT6 ODER FT9

- 2 Tassen Maismehl (kein Polentamehl, sondern feingemahlenes Mehl)
- 2 Tassen geriebener Cheddar
- 2 Tassen Weizenmehl Type 405
- 2 EL Zucker
- 1 TL Salz
- 1 Päckchen Backpulver
- 4 leicht geschlagene Eier
- 4 EL Öl
- 3 Tassen Milch
- Wer mag: gewürfelte Jalapeños

SO WIRD'S GEMACHT

Mischen Sie das Maismehl, das Weizenmehl, den Käse und die anderen trockenen Zutaten in einer Schüssel. In einer zweiten Schüssel verschlagen Sie die Eier, das Öl und die Milch. Mischen Sie dann die trockenen und flüssigen Bestandteile, bis Sie einen weichen Teig (wie Pfannkuchenteig) erhalten. Sie können in das Maisbrot nach Belieben auch gehackte Jalapeños geben.
Wichtig beim Backen ist, den Feuertopf vorher so heiß wie möglich zu machen, damit der Teig unten sofort eine Kruste bekommt und nicht festklebt. Dazu legen Sie zunächst alle Kohlen unter den Topf. Backen Sie dann in einem ft6 oder ft9 mit viel Hitze von oben und mittlerer Hitze von unten. Beachten Sie unbedingt, nach dem Aufheizen und dem Einfüllen des Teigs die Unterhitze wieder zu reduzieren. Nach 30 Minuten sollten Sie prüfen, ob das Brot schon fest geworden ist.

BIERBROT MIT ZWIEBELN

Beim Grillen muss es irgendwann auch für die eingefleischtesten Griller etwas Brot geben. Das Bier in diesem Rezept gibt nicht nur Geschmack, sondern die Kohlensäure besitzt auch noch Triebkraft und lockert so das Brot.

ZUTATEN FÜR EINEN FT6 ODER FT9

- 3 Tassen Mehl Type 405 oder 550
- 3 EL Zucker
- 1 TL Salz
- 2 TL Backpulver
- 0,33 l Bier

NACH GESCHMACK:

- 1 EL getrocknete Röstzwiebeln
- 1 EL Speckwürfel

SO WIRD'S GEMACHT

Mischen Sie alle trockenen Zutaten in einer Schüssel, geben Sie das Bier dazu und kneten Sie den Teig, bis er sich von der Schüssel löst. Formen Sie eine Kugel und drücken Sie diese platt, sodass sie gut in den Feuertopf passt und rundum noch ein Fingerbreit Platz bleibt. Legen Sie den Teig in den gefetteten und gut bemehlten Feuertopf und heizen Sie mit wenig Hitze von unten und mittlerer Hitze von oben. Die Backdauer variiert zwischen 15 und 30 Minuten, je nach Dicke des Brotes. Sie sollten daher alle 10 Minuten nachschauen, was das Brot macht, und die Backzeit anpassen.

Bierbrot
Maisbrot

BANNOCK NACH ART DER WALDLÄUFER

Das Brot der Wildnisreisenden ist seit jeher das als Pfannenbrot bekannte Bannock. Dabei handelt es sich um ein ganz einfaches Fladenbrot, das je nach Gegebenheit in einer Pfanne, auf einer Grill- und Feuerschale, auf einem heißen Stein oder in der heißen Glut gebacken wird. Das Rezept sollte eigentlich beginnen mit „Man nehme, was man hat …". Um die eintönige Verpflegung abwechslungsreicher zu gestalten, können Sie den Grundteig mit allem anreichern, was die Natur hergibt – von Wildkräutern, angebratenen Zwiebeln, Speckwürfeln bis zu Blaubeeren. Als Mehl ist alles möglich, was sich backen lässt, vorzugsweise Weizen, aber auch Dinkel, Roggen, sogar Mais.

ZUTATEN PRO PORTION

2 Tassen Mehl

1 TL Backpulver

½ TL Salz

1 EL Fett oder Öl

Wasser nach Bedarf

SO WIRD'S GEMACHT

Verkneten Sie die Zutaten in einer Schüssel und fügen Sie so viel warmes Wasser hinzu, bis sich der Teig von der Schüsselwand löst. Kneten Sie dann auf einer möglichst sauberen Unterlage, bis der Teig schön elastisch und geschmeidig ist. Er darf keine Mehlnester mehr enthalten und sollte an der Oberfläche möglichst glatt sein. Die Konsistenz ist schwer zu erklären, das muss man einmal selbst „gegriffen" haben.

Zum Backen rollen Sie den Teig möglichst dünn aus. Je dünner er ist, desto besser wird der Fladen. Ideal ist eine Stärke von etwa 3–5 mm. Fetten Sie die Pfanne und legen Sie den Fladen bei mittlerer Hitze hinein. Je mehr der Teig aufgeht, desto schlechter dringt die Hitze nach innen vor, da die Blasen isolierend wirken. Ist die Unterseite gebräunt und an einigen Stellen fast schwarz, drehen Sie den Fladen um und backen Sie ihn von der anderen Seite fertig.

Bannock schmeckt auch mit Hefe oder Sauerteig. Die Zubereitung mit Hefe erfordert jedoch etwas mehr Geschick. Um mit Sauerteig zu backen, benötigen Sie zunächst einen Sauerteigstarter und über einige Stunden einen relativ warmen Platz. Dies eignet sich damit nur für einen Ruhetag oder für eine feste Station wie ein Basiscamp oder eine Jagdhütte. Der Sauerteig wird aktiviert, mit der benötigten Menge Mehl und Wasser vermischt und sich selbst überlassen, bis er sauer riecht und Blasen wirft. Vor dem Backen muss die Konsistenz mit Mehl reguliert und der Teig durchgeknetet werden.
Beim Backen mit Hefe ist der Bannock-Teig einem Pizzateig sehr ähnlich, auf Seite 115 ist die Herstellung ausführlich beschrieben.

DICKE BANNOCKS

Sie können Ihr Bannock auch dicker backen, ähnlich wie die türkischen Pide. Backen Sie den Teig dann entweder in Fett schwimmend aus oder braten Sie den Fladen von beiden Seiten an und stellen dann die Pfanne hochkant so vor das Feuer, dass das Brot in der Strahlungshitze durchbackt.

Denken Sie daran, dass man Bannock niemals schneiden darf, das bringt Unglück!

Das Brot der Wildnisreisenden

Das Bannock-Mehl wird traditionell in einem Stoff- oder Lederbeutel aufbewahrt. Der Kniff beim Kochen am Lagerfeuer ist, diesen Beutel vorsichtig zu öffnen und dann etwas Wasser in die Mitte des Mehls zu geben, das Mehl damit anzufeuchten, zu einem Klumpen zu formen und so die eben gerade benötigte Menge Mehl aus dem Sack zu heben.

Amerikanische Brotkultur

Deutschland besitzt eine Jahrhunderte alte Brotkultur mit hunderten, wenn nicht sogar tausenden von Sorten. In jedem Dorf gab es ein Gemeindebackhaus, in dem jeder Familie bestimmte Backzeiten zustanden. Dort wurde alle zehn oder 14 Tage der Vorrat an Brot für die Zeit bis zum nächsten Backtag gebacken. Das bedurfte jedoch einer dörflichen Struktur, die ein solches Gemeinschaftsprojekt erst ermöglicht.

In Amerika gibt es keine Dorfstrukturen. Das liegt an der Art und Weise, wie der Westen besiedelt wurde. Wenn ein Familienoberhaupt auf dem Weg nach Westen ein geeignetes Stück Land gefunden hatte, konnte er bei einer staatlichen Stelle dieses Land in der Größe von 160 Acres, rund 65 Hektar, registrieren lassen. Nach einer gewissen Zeit kam eine Kommission und prüfte nach, ob das Land sich verbessert hatte. Ein Kriterium dafür war üblicherweise der Bau eines Hauses und das Urbarmachen von Land. Für eine geringe Verwaltungspauschale wurde das Land dann auf seinen Namen eingetragen und gehörte von nun an ihm. Das Haus der Farm stand üblicherweise in der Mitte des Landes, genauso das Haus des Nachbarn. Meist war dazwischen noch Land, das keiner haben wollte und das als Jagdgebiet oder als Weideland für die Tiere genutzt wurde. Der nächste Nachbar war im günstigsten Falle einige Meilen entfernt. Was hat das nun mit der Brotkultur zu tun? Eine ganze Menge, denn in jedem Farmhaus in Amerika befindet sich ein offener Kamin, der als Kochstelle genutzt wurde. Und in diesem Kamin wurde jeden Tag gekocht und in den Dutch Oven wurden Brötchen oder Maisbrot gebacken – jeden Tag frisch, denn die Kapazität des Dutch Ovens reichte nur für eine Mahlzeit. Ein Brot zu backen mit harter Kruste, das man auch nach zwei Wochen noch essen konnte, war also nicht notwendig. Die Farm wurde nur von Vater, Mutter und den Kindern bewirtschaftet, selbst Knechte und Mägde waren unbekannt. So haben sich in Amerika weiche Brötchen durchgesetzt, wie wir sie von den Imbissketten kennen, wo sie als Buns für die Hamburger dienen.

Die Petromax Kastenformen k4 und k8

Die Kastenformen von Petromax sind speziell für das Backen gedacht. Sie haben im Gegensatz zu den Feuertöpfen keine Füße, was aber nicht besonders störend ist, denn bei der kleinen Kastenform reicht es – bedingt durch die lange schlanke Form – die Briketts rundum an die Außenwand der Form zu legen. Die Hitze zieht dann von sich aus bis in die Mitte.
Bei der großen Form reicht es nicht unbedingt, dann können Sie die Form auf den Topfuntersetzer oder einen Stapelrost stellen und so mit Briketts auch von unten heizen. Der Deckel der kleinen Form ist eigentlich nur als Deckel gedacht, bei der großen, quadratischen Form können Sie den Deckel zusätzlich z.B. als Steakpfanne nutzen. Er besitzt Standfüße und auf der Innenseite Rippen, sodass Sie beispielsweise ein im Sous-Vide-Gerät vorgegartes Steak über der Kohle mit einem Branding versehen können.

FALTENBROT

Ein Faltenbrot ist ein typisches Party-Gericht, da sich die Falten gut abteilen und portionieren lassen.
Beim Belegen des Brotes sind der Fantasie keine Grenzen gesetzt. Einfache Kräuterbutter ist ein Anfang, gebratene Speck- und Zwiebelwürfel sind eine Variante.

ZUTATEN FÜR EINE K4

- 600 g Mehl (Pizzamehl oder Type 550, zur Not geht auch Type 405)
- 300 ml lauwarmes Wasser
- 2 TL Salz
- 1 TL Zucker
- 50 ml Olivenöl
- 1 Päckchen Trockenhefe
- Zum Bestreichen: 250 g Kräuterbutter

SO WIRD'S GEMACHT

Mischen Sie die festen Zutaten für den Teig, fügen Sie das Öl hinzu und kneten Sie alles gut durch, sodass das Öl überall verteilt ist. Geben Sie jetzt das Wasser hinzu und kneten Sie den Teig, bis er sich vom Schüsselrand löst und glatt und elastisch ist. So lassen Sie ihn abgedeckt gehen, bis er sich verdoppelt hat.
Nach dem Gehen kneten Sie den Teig ganz kurz durch und rollen ihn rechteckig aus, um ihn dann in Streifen zu schneiden, die so breit sind wie die Kastenform innen ist. Bestreichen Sie die Teigstreifen mit der Kräuterbutter und legen Sie sie in Falten in die gut gefettete Form, sodass diese in der Höhe etwa zu ⅔ gefüllt ist. In der Form sollte der Teig noch ein zweites Mal gehen, bevor er mit acht Briketts auf der Form und vieren darunter gebacken wird. Je nach Wetter und Außentemperatur sollte der Teig nach 45 bis 60 Minuten fertig sein.
Am besten schmeckt das Faltenbrot noch warm aus der Form.

PITABROT

Ein frisches Pitabrot dient in der mediterranen Küche gleichzeitig als Teller, Serviette und Beilage. Mit etwas Zaziki oder Olivenöl und Salz sowie ein paar Oliven ist es auch eine schöne Vorspeise. Das Brot besteht aus einem einfachen Weizenteig und wird mit Sesam und nach Geschmack auch mit Kreuzkümmel bestreut.

ZUTATEN FÜR EINEN FT12 ODER FT18 (ODER FÜR 2 STÜCK NACHEINANDER IM FT6 ODER FT9)

- 500 g Mehl Type 550
- 1 TL Salz
- 1 Päckchen Trockenhefe
- 1 EL Zucker
- 300 ml warmes Wasser
- Sesam zum Bestreuen
- 1 Ei, zum Bestreichen

SO WIRD'S GEMACHT

In einer Schüssel mischen Sie die trockenen Zutaten und geben nach und nach das Wasser hinzu, bis sich ein geschmeidiger Teig ergibt. Diesen kneten Sie so lange, bis er sich von der Schüsselwand löst. Lassen Sie ihn gehen, bis er sich verdoppelt hat. Dann kneten Sie ihn nur ganz kurz durch und formen je nach Belieben 1–2 Kugeln, die Sie etwa einen halben Zentimeter dick ausrollen. So lassen Sie die Teiglinge noch einmal ruhen, bis sie deutlich aufgegangen sind. Bestreichen Sie den Teig mit Eigelb oder auch nur mit Wasser und bestreuen Sie ihn sparsam mit Sesam.
Backen Sie den Teig in einem Feuertopf mit viel Hitze von oben und unten.

Faltenbrot

PARTYSONNE

Eine Partysonne besteht aus einzelnen Brötchen eines Teiges, die mit verschiedenen Körnern bestreut sind und beim Backen zusammenkleben. Sie lassen sich so schön präsentieren und die Gäste brechen sich einzelne Brötchen an den „Sollbruchstellen“ ab.

ZUTATEN FÜR EINEN FT12

- 1000 g Mehl Type 550
- 2 Päckchen Trockenhefe
- 1 EL Zucker
- 1 EL Salz
- 600 ml lauwarmes Wasser oder halb Wasser, halb Milch
- 100 ml Olivenöl
- 1 Eigelb zum Bestreichen

ZUM BESTREUEN:

Mohn, Sonnenblumenkerne, Sesam, Kümmel, grobes Salz, geriebener Käse, gebratene Speckwürfel, Röstzwiebeln, etc.

SO WIRD'S GEMACHT

Bereiten Sie aus den genannten Zutaten einen Hefeteig zu (siehe Pita- oder Faltenbrot) und lassen Sie diesen gehen, bis er sich verdoppelt hat. Dann kneten Sie den Teig kurz durch und formen Kugeln, etwa von der Größe zwischen Golf- und Tennisball. Diese rollen Sie entweder auf dem Tisch, um sie zu durchwirken und Spannung in den Teig zu bekommen, oder Sie falten die Seiten immer nach innen.

Die einzelnen Brötchen bestreichen Sie mit dem verquirlten Eigelb und tauchen diese Seite dann in die Körner, die vorher auf kleinen Tellern nach Sorten verteilt wurden. Durch die Eigelbmasse bleiben die Körner kleben. Setzen Sie die Brötchen in den gefetteten und mit Mehl ausgestäubten Feuertopf. Die Brötchen sollten sich gerade knapp berühren, damit sie beim zweiten Gehen im Topf zusammenstoßen und dann die Partysonne bilden.

Nach dem zweiten Gehen im Topf backen Sie die Brötchen je nach Dicke zwischen 30 und 45 Minuten, mit wenig Hitze von unten und mittlerer Hitze von oben.

HAMBURGER-BUNS AUS DEM FEUERTOPF

Für Pulled Pork oder Hamburger sind weiche Brötchen ein Muss. Je nach Größe des Feuertopfes sollten die Brötchen in mehreren Schritten gebacken werden. Diese Buns lassen sich perfekt auf der Schnittstelle angrillen und weichen somit nicht so schnell durch, wenn das Patty richtig saftig ist.

ZUTATEN FÜR 10–12 STÜCK

- 500 g Mehl Type 550
- 200 ml Wasser
- 50 ml Milch
- 1 Ei
- 100 g Butter
- 1 EL Zucker
- 1 TL Salz
- 1 Päckchen Trockenhefe oder ½ Würfel frische Hefe

ZUM BESTREICHEN UND BESTREUEN

- 1 Ei
- Sesam

SO WIRD'S GEMACHT

Geben Sie die trockenen Zutaten in eine Schüssel und wärmen Sie die Milch und das Wasser zusammen mit der in kleine Stücke geschnittenen Butter an, bis die Butter geschmolzen ist. Durch die Temperatur der Wasser-Milch-Buttermischung bringen Sie die notwendige Wärme in den Teig. Dann geben Sie die Flüssigkeit und das Ei zu den trockenen Zutaten und kneten einen geschmeidigen Teig, der sich von der Schüsselwand löst. Gegebenenfalls müssen Sie die Konsistenz des Teiges durch etwas Milch oder Mehl regulieren. Lassen Sie den Teig an einem warmen Ort etwa eine Stunde gehen, bis er sich verdoppelt hat. Dann kneten Sie ihn nur ganz kurz durch und formen 10–12 gleich große Kugeln. Diese rollen Sie auf dem Tisch, um Spannung in den Teig zu bekommen. Nun legen Sie die Teiglinge mit etwas Abstand in den eingefetteten Feuertopf, drücken sie platt und lassen sie noch ein zweites Mal gehen. Vor dem Backen bepinseln Sie die Oberfläche mit dem verquirlten Ei und bestreuen sie mit Sesam.
Nach 15–20 Minuten mit mittlerer Hitze von oben und unten sollten die Brötchen fertig gebacken sein und können auf einem Gitter auskühlen.

STOCKBROT

Stockbrot zu backen gehört am Lagerfeuer einfach dazu, wenn Kinder dabei sind. Hier ein paar Tipps, wie es schnell und einfach gelingt.

ZUTATEN FÜR 12–15 STÜCK

- Pizzateig, Grundrezept siehe Seite 115

SO WIRD'S GEMACHT

Wickeln Sie den Teig in langen Spiralen um das Ende des Stocks. Der Teig sollte nicht dicker sein als ein kleiner Finger, denn sonst backt er nicht durch. Bei den Petromax-Lagerfeuer-Spießen wickeln Sie die Teigspirale in mehreren Achten um das Ende der Spitzen, wie im Bild gezeigt.

Beim Backen ist wichtig, den Teig über ein Glutbett oder seitlich in die Strahlungshitze des Feuers zu halten, nicht oben über die Flammen. Am besten legen Sie die Spieße auf eine Ablage gestützt über das Glutbett und wenden nur einmal. Sobald der Teig aufgegangen und goldbraun gebacken ist, können Sie ihn mit etwas Butter und Salz genießen.

Stockbrot

KUCHEN

KÄSEKUCHEN

Ein saftiger Käsekuchen ist als Dessert immer willkommen. Durch die Verwendung von Butterkeksen als Boden ist das Rezept leicht nachzubacken, auch wenn man mit Kuchen eigentlich auf Kriegsfuß steht.

ZUTATEN FÜR EINEN FT6, FT9 ODER FT12

FÜR DEN BODEN:

- 250 g Butterkekse
- 75 g Butter
- 2 EL Zucker

FÜR DEN BELAG:

- 500 g Quark
- 300 g Naturjoghurt
- 50 g Butter
- 1 Päckchen Vanillezucker
- 1 Zitrone
- 6 Eier
- 150 g Zucker
- 1 Prise Salz
- Puderzucker

SO WIRD'S GEMACHT

Für den Boden legen Sie einen Feuertopf mit Backpapier aus. Das Papier sollte am Rand möglichst hoch stehen, das erleichtert später das Herausheben. Dann zerkrümeln Sie die Butterkekse, indem Sie sie in eine Plastiktüte geben und solange mit einer Gusseisenpfanne bearbeiten, bis nur noch feine Brösel übrig sind. Füllen Sie die Brösel in eine Schüssel und geben Sie den Zucker und die geschmolzene Butter hinzu. Diese Masse verteilen Sie als Boden im Feuertopf.

Für den Belag geben Sie die geschmolzene Butter, den Vanillezucker, den Saft und Abrieb der Zitrone und den Zucker in eine Schüssel. Mischen Sie alles durch und trennen Sie dann die Eier. Die Eigelb kommen in die Mischung, das Eiweiß wird in einer separaten Schüssel mit einer Prise Salz zu einem steifen Eischnee aufgeschlagen. Mischen Sie den Joghurt und den Quark unter, geben Sie dann den Eischnee hinzu und heben Sie diesen vorsichtig unter, bis eine glatte Masse entsteht. Diese geben Sie auf den Boden in den Feuertopf und streichen sie mit einem Teigschaber glatt.

Zum Backen benötigen Sie wenig Hitze von unten und viel Hitze von oben. Nach 30 Minuten sollten Sie das erste Mal nachschauen, wie weit der Kuchen gebacken ist und eventuell die Hitze justieren. Vergessen Sie auch nicht, den Deckel alle 10 Minuten eine viertel Drehung zu bewegen, um die Oberfläche gleichmäßig zu bräunen. Nach 40–50 Minuten sollte der Kuchen fertig gebacken sein. Lassen Sie ihn im Feuertopf gut abkühlen, damit er beim Herausheben nicht zerfällt.

JACKS EIERLIKÖR-KUCHEN

Dieser Kuchen ist einfach zusammenzumischen und eignet sich daher hervorragend für das Backen unter schwierigen Umständen.

ZUTATEN FÜR EINEN FT6 ODER FT9

- 500 g Mehl Type 405
- 5 Eier
- 250 g brauner Zucker
- 1 Päckchen Vanillezucker
- 1 Tasse Öl
- 1 Tasse Eierlikör
- 1 Päckchen Backpulver

SO WIRD'S GEMACHT

Die Eier mit dem Zucker und dem Vanillezucker aufschlagen, das Öl und den Eierlikör dazugeben. Jetzt das Mehl und das Backpulver kurz untermischen. Nicht zu lange mischen, sonst wird der Teig nicht locker, da das Backpulver schon „verbraucht" ist.

Mit wenig Hitze von unten und mittlerer Hitze von oben backen, bis man den Kuchen riechen kann. Den Deckel erst dann öffnen und mit der Stäbchenprobe prüfen, ob er durchgebacken ist.

Am besten schmeckt der Kuchen frisch aus dem Topf mit einem heißen Lagerfeuer-Kaffee.

Jacks
Eierlikör-
Kuchen

ZUTATEN FÜR EINE PIEFORM (Ø 26 CM) IM FT6 ODER FT9

Für den Teig:

- 300 g Mehl Type 405
- 200 g weiche Butter
- 1 EL Zucker
- 1 TL Salz
- Eiswasser
- 1 verquirltes Ei zum Bestreichen

FÜR DIE FÜLLUNG:

- 1 ½ kg säuerliche Äpfel (Boskoop)
- 200 g Zucker, gerne brauner
- 2 EL Speisestärke (oder Mehl)
- 1 Zitrone, Saft und Schale
- je 1 Prise Muskat und Zimt

Sie können die Pie auch mit fertigem Blätterteig backen, allerdings sollten Sie dann die Füllung schon separat durchgaren, bis die Äpfel leicht zusammenfallen.

APPLE PIE

Apple Pie steht in Amerika für selbstgekochtes Essen, für Nachtisch, den Oma gemacht hat, für Geborgenheit, für Thanksgiving, Weihnachten und fast alles, was sonst noch gut tut.
Sie sollten die Pastete immer in einer separaten Form backen, die Sie in den Feuertopf stellen, denn der Saft der Früchte brennt sonst leicht am Boden des Feuertopfes an. Zusätzlich ist ein Stapelrost hilfreich, um die Pastete von der zu starken Hitze des Bodens abzukoppeln.

SO WIRD'S GEMACHT

Für den Teig mischen Sie das Mehl mit Salz und Zucker, geben flockenweise die weiche Butter dazu und verreiben diese, bis sich das Mehl anfühlt wie Grieß. In diesem Stadium geben Sie esslöffelweise so viel Eiswasser hinzu, bis ein fester, geschmeidiger Teig entsteht. Diesen wickeln Sie in eine Frischhaltefolie und lassen ihn einige Stunden im Kühlschrank ruhen.
In der Zwischenzeit bereiten Sie die Füllung zu: Die Äpfel schälen, in Spalten schneiden und mit Zitronensaft beträufeln. Dann geben Sie die restlichen Zutaten dazu und mischen alles in einer Schüssel gut durch.
Für die Form teilen Sie den Teig in zwei Teile, den einen etwas größer, das wird der Boden. Rollen Sie den Boden rund aus und legen Sie eine 26 cm Tarteform damit aus, es geht aber auch ein tiefer Suppenteller. Geben Sie die Füllung in die Form, in der Mitte etwas mehr als am Rand, das gleicht sich beim Backen aus. Aus dem zweiten Teil des Teiges schneiden Sie nach dem Ausrollen daumenbreite Streifen. Diese Streifen kommen als Flechtmuster über die Pastete. Wem das zu aufwendig ist, der kann die Pastete auch mit einer kompletten Teigschicht abdecken, muss dann allerdings einige Schlitze einschneiden, damit der Dampf entweichen kann. Bestreichen Sie die Oberfläche anschließend mit dem verquirlten Ei.
Backen Sie die Form im Feuertopf mit mittlerer Hitze rund eine Stunde. Es empfiehlt sich, hin und wieder zu testen, ob die Füllung weich geworden und der Teig gut gebräunt ist.
Am besten schmeckt der Apple Pie frisch und warm aus dem „Dopf" mit Vanilleeis und Schlagsahne.

ANANAS-UPSIDE-DOWN-KUCHEN

ZUTATEN FÜR EINEN FT6 ODER FT9

- 1 Dose (425 ml) Ananas in Scheiben
- 1 Glas Maraschino- oder Amarena-Kirschen
- 100 g Butter
- 100 g brauner Zucker

FÜR DEN TEIG:

- 200 g Mehl Type 405
- 200 g Butter
- 100 g Zucker
- 1 Päckchen Vanillezucker
- 4 Eier
- 1 Päckchen Backpulver
- 1 Prise Salz
- Saft der Ananasdose

Der Ananas-Upside-Down-Kuchen ist ein schnelles Rezept. Die Früchte werden unten in den Topf gelegt und mit dem Teig übergossen. Nach dem Backen wird der Topf gestürzt und die Unterseite kommt nach oben, davon leitet sich auch der Name ab.

SO WIRD'S GEMACHT

Für das Backen in einem flachen Feuertopf schmelzen Sie die Butter und den Zucker direkt im Topf. Dann legen Sie die Ananasscheiben auf dem Boden aus und in die Mitte und in die Zwischenräume die Kirschen.

Für den Teig schlagen Sie die weiche Butter mit den Eiern und dem Zucker schaumig, rühren dann das Mehl, den Vanillezucker, das Salz und das Backpulver ein. Mit dem aufgefangenen Saft aus der Ananasdose stellen Sie die Konsistenz des Teiges ein, er soll etwas fester als Waffelteig sein. Mit einem Spachtel oder einer Teigkarte geben Sie den Teig vorsichtig auf die Früchte.

Mit wenig Hitze von unten und mittlerer Hitze von oben backen Sie den Kuchen 30–40 Minuten. Hier ist es entscheidend, nicht so sehr auf die Zeit zu achten, sondern auf den Zustand des Teiges. Verlassen Sie sich besser auf die Stäbchenprobe.

Nach dem Backen lassen Sie den Kuchen etwas abkühlen, lösen ihn vom Rand und stürzen ihn aus der Form.

TASSENKUCHEN

Bei diesen Tassenkuchen handelt es sich um ein Rezept für die moderne Single-Küche, die mit einer Mikrowelle auskommt. Sie lassen sich aber auch hervorragend in den Petromax-Tassen in den Feuertöpfen backen.

ZUTATEN FÜR 6 TASSEN IM FT6 ODER FT9

- 200 g Mehl Type 405
- 200 g Butter
- 300 g Zucker
- 400 ml Milch
- 6 Eier
- 6 EL Kakaopulver
- 2 TL Backpulver

SO WIRD'S GEMACHT

Schmelzen Sie die Butter in einer Schüssel und rühren Sie sämtliche weitere Zutaten mit einem Schneebesen zu einer homogenen Masse zusammen. Dann verteilen Sie den gesamten Teig auf sechs Tassen.

In einem Feuertopf backen Sie die Küchlein bei mittlerer Hitze von unten und oben etwa 10 Minuten. Sie können vor dem Backen in die Mitte des Teiges in den Tassen ein Stück Kuvertüre oder dunkle Schokolade drücken, so erhalten Sie einen flüssigen Schokoladen-Kern.

Dann sollten Sie mit dem Stäbchentest prüfen, ob der Kuchen durchgebacken ist. Der Test funktioniert natürlich nicht, wenn in der Mitte ein Stück Schokolade für einen flüssigen Kern eingebacken ist.

NUSSKUCHEN

Ein saftiger Nusskuchen ist immer ein Genuss und auch einige Tage haltbar. Er lässt sich sowohl in der Kastenform k4, als auch in dem ft4.5 oder ft6 bzw. ft9 zubereiten.

ZUTATEN FÜR EINEN FT6 ODER FT9

FÜR DEN TEIG:

- 250 g Mehl Type 405
- 250 g Butter
- 250 g Haselnüsse, gemahlen
- 200 g Zucker
- 4 Eier
- 1 Päckchen Vanillezucker
- 1 Päckchen Backpulver
- 1 Prise Salz
- 125 ml Milch

FÜR DIE GLASUR:

- Kuvertüre
- Haselnüsse, grob gehackt

SO WIRD'S GEMACHT

Schlagen Sie die warme Butter mit dem Zucker und dem Vanillezucker schaumig, dann rühren Sie die Eier einzeln unter. Das Mehl vermischen Sie mit dem Salz und dem Backpulver und heben es unter die Butter-Zuckermasse, bis die Mehlnester verschwunden sind. Zum Schluss mischen Sie die Haselnüsse und die Milch portionsweise unter die Masse, bis ein glatter Rührteig entstanden ist. Achten Sie auf die Konsistenz des Teiges, er sollte nicht zu flüssig werden. Mit wenig Hitze von unten und mittlerer Hitze von oben etwa 60 Minuten backen, bis die Stäbchenprobe zeigt, dass der Kuchen durchgebacken ist.
Lassen Sie den Kuchen in der Form auskühlen, heben Sie ihn dann heraus und überziehen Sie ihn mit der geschmolzenen Kuvertüre. Zur Dekoration einige grob gehackte Haselnüsse auf den Kuchen streuen, sodass diese in der noch flüssigen Kuvertüre kleben bleiben.

ZUTATEN FÜR EINEN FT6 ODER FT9

FÜR DEN TEIG:

- 300 g Mehl Type 405
- 350 g Zucker
- 225 g Butter
- 100 g Kakaopulver
- 200 g Schokotropfen, die beim Backen nicht schmelzen
- 150 ml Sahne
- Mark einer Vanilleschote
- 3 Eier
- 1 TL Backpulver
- heißes Wasser für die Konsistenz

FÜR DIE GLASUR:

- 125 ml Wasser
- 100 g Zucker
- 1 TL Kakaopulver
- 25 g dunkle Schokoladenraspeln
- nach Belieben Puderzucker

SCHOKOKUCHEN

Dieser Schokoladenkuchen ist ein Traum für jeden Schokoladen-Fan.

SO WIRD'S GEMACHT

Fetten Sie einen ft6 bzw. ft9 mit reichlich Butter aus und bestäuben Sie diesen mit Mehl. In einer Schüssel mischen Sie alle Zutaten für den Teig bis auf das heiße Wasser und die Schokotropfen mit einem Schneebesen gut durch. Geben Sie nun so viel Wasser hinzu, dass Sie eine zähflüssige Konsistenz erhalten. Fügen Sie zum Schluss die Schokotropfen dazu und füllen Sie den Teig sofort in den Feuertopf. Mit wenig Hitze von unten und mittlerer Hitze von oben backen Sie den Teig etwa eine Stunde, bis die Stäbchenprobe positiv ausfällt. Lassen Sie den Kuchen etwas abkühlen und nehmen Sie ihn aus dem Feuertopf.

Für die Glasur erhitzen Sie das Wasser und geben die anderen Zutaten dazu, bis ein Schoko-Sirup entstanden ist. Diesen verteilen Sie auf dem abgekühlten Kuchen und lassen ihn einziehen. Zum Verzieren können Sie den Kuchen mit Puderzucker und/oder Kakaopulver bestreuen und dabei auch mit Schablonen Muster zaubern oder mit einer Reibe Späne von heller und dunkler Schokolade auf dem Kuchen verteilen.

BANANENBROT

Bananenbrot ist kein Brot im eigentlichen Sinne, sondern eher ein fester Kuchen, der mit Butter und Honig gegessen wird. Er benötigt eine relativ lange Backzeit, sodass es besser ist, ihn in einer Kastenform ohne Deckel innerhalb eines ft12 zu backen.

ZUTATEN FÜR EINE K4 IM FT12

- 250 g Mehl Type 405
- 150 g Zucker
- 75 g Haferflocken
- 50 ml Sonnenblumenöl
- 100 ml Milch
- 2 Eier
- 3 sehr reife Bananen
- 1 Päckchen Backpulver
- 2 TL Zimt
- 1 TL Salz
- Vanille-Backaroma oder Mark einer Vanilleschote

SO WIRD'S GEMACHT

Heizen Sie zunächst den ft12 mit mittlerer Hitze von oben und unten vor. Ein Gusseisenrost im Inneren ist hilfreich. Dann legen Sie die Kastenform mit Backpapier aus.
In einer Schüssel mischen Sie sämtliche trockenen Zutaten zunächst gut durch (Mehl, Zucker, Haferflocken, Backpulver, Zimt und Salz). In einer weiteren Schüssel zerdrücken Sie die Bananen mit einer Gabel zu Mus und geben die anderen feuchten Zutaten hinzu. Sobald das alles gut vermischt ist, geben Sie nach und nach die trockenen Zutaten hinzu und verrühren alles grob mit einem Holzlöffel. Sobald keine Mehlnester mehr vorhanden sind, füllen Sie den Teig in die Backform und stellen diese sofort in den vorgeheizten ft12. Die Backzeit beträgt rund eine Stunde, schauen Sie aber nach 45 Minuten schon einmal nach und machen Sie die Stäbchenprobe. Das Bananenbrot sollte schön saftig sein, was gut gelingt, wenn Sie die Form beim Auskühlen mit Alufolie abdecken und so die Feuchtigkeit einfangen.

APFELKUCHEN

Dieser Kuchen ist ideal für das Backen unter freiem Himmel, da der Teig nur zusammengerührt wird. Die Äpfel versinken im Teig und garen dort mit. Er schmeckt aber auch mit Pfirsichen, Birnen oder anderen Obstsorten.

ZUTATEN FÜR EINEN FT6 ODER FT9

- 300 g Mehl Type 405
- 200 g Butter
- 200 g Zucker
- 4 Eier
- ½ Zitrone, der Saft
- 3 EL Milch
- 1 Päckchen Backpulver
- 1 Prise Salz
- 4–6 säuerliche Äpfel (Boskoop)
- Butter und Paniermehl für den Feuertopf
- Puderzucker zum Servieren

SO WIRD'S GEMACHT

Zunächst schlagen Sie in einer Schüssel die Butter und den Zucker schaumig und geben nach und nach die anderen Zutaten hinzu, erst die Eier und die Milch und dann die restlichen trockenen Bestandteile. Fetten Sie einen ft6 innen mit Butter aus und streuen Sie dann Paniermehl darauf. Geben Sie den Teig in den Feuertopf und streichen Sie die Oberfläche glatt.

Für den Belag schälen und halbieren Sie die Äpfel und entfernen das Kerngehäuse. Schneiden Sie die Äpfel auf der Außenseite mehrmals ein und drücken Sie sie dann so in den Teig, dass die Außenseite des Apfels oben liegt.

Backen Sie den Kuchen mit wenig Hitze von unten und mittlerer Hitze von oben. Nach 30 Minuten sollten Sie schon das erste Mal nachschauen, danach alle 5 Minuten. Der Kuchen ist fertig, wenn die Äpfel weich sind und die Stäbchenprobe gut ausfällt. Lassen Sie ihn etwas abkühlen und bestäuben Sie ihn mit Puderzucker.

APFEL-STREUSEL-KUCHEN

Ein saftiger Kuchen mit Äpfeln oder Birnen getoppt mit leckeren Streuseln ist ein Hingucker und dabei noch sehr einfach zuzubereiten.

ZUTATEN FÜR EINEN FT6 ODER FT9

- 500 g Mehl Type 405
- 250 g weiche Butter
- 150 g Zucker
- 1 kg säuerliche Äpfel (Boskoop)
- 2 Eier
- 1 Päckchen Backpulver
- 1 Päckchen Vanillezucker
- 1 Prise Salz
- Zucker und Zimt

SO WIRD'S GEMACHT

In einer Schüssel verkneten Sie mit den Händen das Mehl, die weiche Butter, den Zucker, den Vanillezucker, das Backpulver und die Eier mit der Prise Salz. Es soll ein geschmeidiger, aber nicht zu fester Teig entstehen, der dann eine halbe Stunde im Kühlschrank ruhen muss. In der Zwischenzeit schälen Sie die Äpfel und schneiden diese in kirschgroße Stücke oder in dünne Scheiben.

Legen Sie einen ft6 oder ft9 mit Backpapier aus und verteilen Sie ⅔ des Teiges im Topf, sodass der Rand auch etwa zwei Fingerbreit hoch steht. Geben Sie die Äpfel gleichmäßig in den Boden, bestreuen Sie diese großzügig mit Zucker und Zimt und verteilen Sie den Rest des Teiges als Streusel auf den Äpfeln. Mit mittlerer Hitze von oben und unten backen Sie den Kuchen rund 45 Minuten. Schauen Sie aber nach einer halben Stunde nach, ob Sie nicht die Hitze von unten reduzieren müssen.

Nach dem Backen lassen Sie den Kuchen etwas auskühlen, bevor Sie ihn an dem Backpapier aus dem Topf heben.

Apfel-Streusel-Kuchen

Gugelhupfform und Tortenbodendeckel

Ein besonderes Ausrüstungsstück im Petromax-Angebot ist die Gugelhupfform. Der Deckel kann umgedreht als Form für einen Tortenboden genutzt werden. Um das zu realisieren, sollten Sie den Tortenboden aber in einem ft9 oder größer backen. Das Unterteil der Form ist eine gusseiserne Gugelhupfform, die so auch im heimischen Backofen verwendet werden kann.

Um in dieser Form am Lagerfeuer zu backen, bedarf es ein wenig Talent und Erfahrung. Ein Kuchen ist eben kein Gulasch, das bei der Hitzeführung einiges verzeiht. Da der Deckel geschlossen sein muss, können Sie auch nicht allzu viel Teig einfüllen, um dem Kuchen die Möglichkeit zum Aufgehen zu geben. Daher eignen sich vor allem Pudding (ähnlich dem englischen Plum-Pudding) oder Aufläufe wie Wirsingauflauf mit Hackfüllung. Im heimischen Backofen kann die Gugelhupfform natürlich auch verwendet werden.

GUGELHUPF

Beim Gugelhupf handelt es sich ursprünglich um einen Arme-Leute-Kuchen, traditionell mit Hefeteig gebacken, um Eier zu sparen. Dieses Rezept ist allerdings mit Backpulver und reichlich Eiern.

ZUTATEN

- 500 g Mehl Type 405
- 350 g Zucker
- 250 g weiche Butter
- 100 ml Milch
- 1 Päckchen Vanillezucker
- 5 Eier
- 1 Päckchen Backpulver
- nach Belieben 2 EL Rosinen
- Butter für die Form

SO WIRD'S GEMACHT

Fetten Sie zunächst die Backform gut mit Butter aus. Schlagen Sie die weiche Butter mit dem Zucker und dem Vanillezucker in einer Schüssel schaumig. Dann kommen nach und nach die Eier hinzu. Mischen Sie das Mehl mit dem Backpulver und geben Sie es portionsweise abwechselnd mit der Milch dazu. Zum Schluss heben Sie, wenn gewünscht, die Rosinen unter. Sobald Sie den Teig glattgerührt haben, geben Sie ihn in die Form.

Am besten backen Sie den Gugelhupf in einem ft12 oder ft18 mit wenig Hitze von unten und mittlerer Hitze von oben, wobei kein Deckel auf die Gugelhupfform kommt, denn der Teig geht noch gut auf.

Die Form direkt mit Briketts zu befeuern ist möglich, Sie sollten dann aber den Teig teilen und in zwei Portionen backen.

AUSTRALISCHER BUSCHKUCHEN MIT MELASSE

Dieser Pudding ist das Lieblingsrezept von Ranger Nick, einem Buschkoch aus Australien, der es uns anlässlich eines Besuches gezeigt hat. Es hat uns sofort überzeugt und es lohnt sich auf jeden Fall, es auszuprobieren. Als Alternative zur Melasse, die im Originalrezept verwendet wird, ist Rübensaft ein hervorragender Ersatz.

ZUTATEN FÜR EINEN FT6 ODER FT9

- 3 Tassen Mehl Type 405
- 1 Päckchen Backpulver
- 2 Tassen Melasse (oder Rübensaft)
- Ginger Ale (alternativ Zitronenlimonade)

SO WIRD'S GEMACHT

Geben Sie das Mehl und das Backpulver zusammen mit zwei Esslöffeln des Rübensaftes, bzw. der Melasse, in eine Schüssel. Jetzt schütten Sie so viel Ginger Ale dazu, bis der Teig so flüssig wie Pfannkuchenteig ist. Den restlichen Rübensaft geben Sie in den Feuertopf und erhitzen ihn, bis er aufschäumt. Dann füllen Sie den kompletten Teig in die Mitte.

Decken Sie den Topf zu und backen Sie mit wenig Hitze von unten und mittlerer Hitze von oben. Prüfen Sie nach einer halben Stunde mit der Stäbchenprobe, ob der Kuchen auch in der Mitte wirklich durchgebacken ist. Sie können auch ein Fleischthermometer verwenden, die Temperatur im Kern des Kuchens sollte über 94 °C betragen. Liegt sie darunter, bleibt flüssiger Teig an der Sonde hängen.

Sie können den Kuchen aus der Form löffeln oder ihn mit einem Messer am Rand lösen, etwas abkühlen lassen und auf eine Platte stürzen. Das muss aber mit Geschick passieren, weil sofort der klebrige Rübensaft über den Kuchen läuft.

Dazu passen Vanilleeis oder kalte Schlagsahne.

TORTENBODEN

Ein leckerer Tortenboden, belegt mit frischen Früchten, ist immer ein Genuss, ganz besonders im Sommer.

ZUTATEN

4 EL Mehl Type 405

4 EL Zucker

4 EL Öl

2 Eier

1 TL Backpulver

1 Prise Salz

Paniermehl und Butter für die Form

SO WIRD'S GEMACHT

Heizen Sie einen ft6 oder ft9 vor. Buttern Sie den Deckel der Gugelhupfform und bestreuen Sie diese mit Paniermehl.
Verrühren Sie alle Zutaten in einer Schüssel zu einem glatten Teig. Geben Sie den Teig in die Tortenboden-Form und stellen Sie die Form in den Feuertopf. Beheizt wird der Topf mit mittlerer Hitze von oben und unten. Nach 10–15 Minuten sollte der Teig durchgebacken sein. Lassen Sie ihn abkühlen und belegen Sie ihn anschließend.

Feuerkit

Lagerfeuer to go? Einfach die sechs Hölzchen in der Steckpappe zu einem Kegel aufstellen, im Feuerholz, der Grillkohle oder dem heimischen Kamin platzieren und mit den beiliegenden Streichhölzern anzünden.

Feuergel

Wenn sich ein Feuer partout nicht anzünden lassen will, brennt das Feuergel sicher, sauber und brennstark. Natürlich eignet es sich aber auch zum Entzünden von Fackeln oder zum Befüllen von Rechauds oder Notkochern.

GEBÄCK

Muffinform mf6

Die Muffinform ist ideal geeignet, um mit dieser im ft6 oder ft9 Muffins und andere Leckereien zuzubereiten. Sie können die Form am Griff bequem in den Topf stellen und auch wieder herausnehmen. Handschuhe sind aber zwingend notwendig, denn der Griff wird sehr heiß. Sobald die Form richtig „eingefahren" ist, benötigen Sie auch keine Papierförmchen mehr, die Muffins lösen sich von selbst. Alternativ können Sie die Vertiefungen auch einfetten.

Die Form ist aber nicht nur für süße Muffins geeignet, herzhafte Speisen gelingen darin ebenso gut. Legen Sie die einzelnen Vertiefungen beispielsweise mit Bacon-Scheiben aus und schlagen Sie ein Ei in die Mitte, dann haben Sie eine herzhafte Beilage zum Frühstück. Oder Sie kleiden die Vertiefungen mit Blätterteig aus und füllen diesen mit Camembert und Preiselbeeren. Sobald der Blätterteig goldgelb und aufgegangen und der Käse zerlaufen ist, ist die Vorspeise servierbereit. Die Form kann auch direkt auf der Glut betrieben werden, dabei sollten Sie aber auf die richtige Auswahl des Gerichtes achten. Eier mit Speck eignen sich sehr gut. Muffins, die auch Oberhitze benötigen oder Speisen, die überbacken werden sollen, können nicht direkt auf die Glut gestellt werden und müssen in einem Feuertopf gebacken werden.

MUFFINS

Muffins sind kleine, in Förmchen gebackene Kuchen aus einem saftigen Grundteig, der mit vielen Dingen wie Blaubeeren, Kokosraspeln, Rosinen oder anderen Trockenfrüchten veredelt werden kann. Beim Backen werden die flüssigen und die festen Zutaten erst getrennt voneinander vermischt und dann zusammengeschüttet, kurz und kräftig miteinander verrührt und sofort ausgebacken, um nicht allzu viel von der Triebkraft des Backpulvers und Natrons zu verlieren.

ZUTATEN GRUNDREZEPT FÜR 12 STÜCK

- 250 g Mehl Type 405
- 150 g Zucker
- 100 ml Öl oder geschmolzene Butter
- 250 ml Buttermilch
- 2 Eier
- 2 TL Backpulver
- 1 TL Natron
- 1 Prise Salz

SO WIRD'S GEMACHT

Heizen Sie zuerst einen ft6 oder ft9 mit mittlerer Hitze von unten und oben vor. In einer Schüssel mischen Sie die trockenen Zutaten, in einer zweiten Schüssel die flüssigen. Dann geben Sie die flüssigen Zutaten zu den trockenen und mischen alles sofort kräftig durch. In diesem Stadium können Sie die Zutaten wie Blaubeeren oder Nüsse etc. dazugeben. Bei frischen Früchten müssen Sie aber vorsichtig rühren, damit diese noch als ganze Früchte erkennbar bleiben.

Füllen Sie die Muffinförmchen zu ⅔ mit dem Teig und backen Sie die Muffins sofort für 15–20 Minuten im Feuertopf. Sollten Sie einen ft9 verwenden, platzieren Sie einen Gussrosteinsatz oder einen Untersetzer unter der Muffinform.

SCHOKO-MUFFINS

ZUTATEN FÜR 12 STÜCK

200 g Mehl Type 405

125 g weiche Butter

2 Eier

100 ml Milch

2 TL Backpulver

50 g Kakaopulver

100 g Zucker

1 Päckchen Vanillezucker

50 g Schokoraspel

SO WIRD'S GEMACHT

Heizen Sie zuerst einen ft6 oder ft9 mit mittlerer Hitze von unten und oben vor. In einer Schüssel mischen Sie die trockenen Zutaten, in einer zweiten Schüssel die flüssigen. Dann geben Sie die flüssigen Zutaten zu den trockenen und mischen alles sofort kräftig durch.

Füllen Sie die Muffinförmchen zu ⅔ mit dem Teig und backen Sie die Muffins sofort für 15–20 Minuten im Feuertopf. Sollten Sie einen ft9 verwenden, platzieren Sie einen Gussrosteinsatz oder einen Untersetzer unter der Muffinform, damit sich die Muffinform und der Feuertopf nicht direkt berühren.

Sie können in die Mitte jedes Muffins vor dem Backen noch ein Stück Schokolade stecken.

PIKANTE MUFFINS

ZUTATEN FÜR 12 STÜCK

250 g Mehl Type 405

150 g gekochte Kartoffeln

2 TL Backpulver

1 TL Natron

50 ml Öl

250 ml Bier

2 Eier

150 g Speck, in kleine Würfel geschnitten und angebraten

1 Zwiebel, in kleine Würfel geschnitten und angebraten

Salz und Pfeffer

SO WIRD'S GEMACHT

Heizen Sie zuerst einen ft6 oder ft9 mit mittlerer Hitze von unten und oben vor. In einer Schüssel mischen Sie die trockenen Zutaten, auch die kalten, zerdrückten Kartoffeln. In einer zweiten Schüssel vermengen Sie die flüssigen Zutaten. Den Speck und die Zwiebeln braten Sie kräftig in etwas Öl an und würzen mit Pfeffer und Salz. Wichtig ist, dass das Öl vom Anbraten mit in die Masse gegeben wird. Dann geben Sie die flüssigen Zutaten zu den trockenen und mischen alles sofort kräftig durch.

Füllen Sie die Muffinförmchen zu ⅔ mit dem Teig und backen Sie die Muffins sofort für 15–20 Minuten im Feuertopf. Sollten Sie einen ft9 verwenden, platzieren Sie einen Gussrosteinsatz oder einen Untersetzer unter der Muffinform. Sie können die Muffins kurz bevor sie fertig sind noch mit Käse bestreuen und überbacken.

SCONES

Bei Scones handelt es sich um traditionelles englisches Gebäck, das frisch gebacken – vorzugsweise am offenen Torffeuer – und mit Konfitüre und Sahne zum Tee gegessen wird. Scones gibt es nur im Plural, auch wenn man nur einen bekommt.

ZUTATEN FÜR EINEN FT6 ODER FT9

- 2 ½ Tassen Mehl Type 405
- 1 Tasse Ginger Ale
- 1 Päckchen Backpulver
- 2 EL Sahne
- 1 Ei
- 2 EL brauner Zucker
- 1 Prise Salz

ZUM SERVIEREN:

- frisch geschlagene kalte Sahne
- Marmelade
- Clotted Cream (englischer Streichrahm, oder alternativ etwas Crème double)

SO WIRD'S GEMACHT

Der Trick bei Scones besteht darin, sie nur kurz zu kneten, wodurch sie für die Zubereitung am Lagerfeuer besonders geeignet sind.

In einer Schüssel vermischen Sie zunächst das Backpulver mit dem Mehl. Dann formen Sie eine Vertiefung im Mehl und geben die restlichen Zutaten hinein. Arbeiten Sie die Zutaten zügig in das Mehl ein und stechen Sie golfballgroße Stücke ab. Diese formen Sie mit den Händen zu Kugeln und wälzen sie kurz in Mehl. Legen Sie einen Guss- oder Stapelrost mit Alufolie oder Backpapier in einen vorgeheizten ft6 oder ft9.

Legen Sie die Scones auf den gusseisernen Rost und bepinseln Sie die Oberseite mit etwas Milch oder Eigelb.

Nach 15 Minuten sollten die Scones bei mittlerer Hitze von unten und viel Hitze von oben fertig gebacken sein. Stechen Sie mit einem Holzstab oder einer Gabel hinein um zu prüfen, ob sie fertig durchgebacken sind. Scones sind von der Form und Oberfläche her nicht die schönsten Gebäckstücke, unregelmäßig in der Form und die Oberfläche voller Zacken und Zipfel, aber das ist völlig normal. Lassen Sie die Scones kurz abkühlen und genießen Sie sie noch warm zu einer Tasse Tee. Dazu werden die Scones durchgeschnitten und mit Butter oder Sahne und Marmelade bestrichen.

S'MORES

Wenn in Deutschland Stockbrot zum Lagerfeuer gehört, dann sind es in Amerika S'Mores. Bei dem Wort handelt es sich um eine Zusammensetzung aus „Some More", weil man angeblich nach mehr verlangt, sobald man eins gegessen hat. Ein S'More besteht aus einem Graham-Cracker, einer dünnen Scheibe Schokolade und einem gerösteten Marshmallow. Darüber kommt wieder ein Cracker. Da die Kekse hart sind, quillt bei jedem Bissen die klebrige weiße Marshmallow-Masse heraus, angereichert mit geschmolzener Schokolade. Sie lassen sich einfach und schnell mit Lagerfeuer-Spießen zubereiten.

ZUTATEN

- Marshmallows
- Kekse mit Schokolade

SO WIRD'S GEMACHT

Rösten Sie den Marshmallow über dem Lagerfeuer, bis er außen braun und innen weich ist. Dann legen Sie ihn auf die Schokoladenseite eines Butterkekses und bedecken ihn mit einem zweiten Keks.

S'Mores

SAUERTEIGBRÖTCHEN AUS WEIZENMEHL

Die Biscuits (Brötchen) sind der ganze Stolz des Lagerfeuerkochs, ist er in der Lage, den Cowboys auch unter widrigsten Umständen frische Biscuits zu präsentieren. Diese sind als Beilage zu Fleisch oder zu Bohnen gedacht. Für ein echtes Cowboy-Frühstück werden die Biscuits mit Bratensauce nach alter Art serviert.

ZUTATEN FÜR EIN FT12

- 4 Tassen Sauerteigstarter aus Weizen
- 4 Tassen Weizenmehl Type 405 oder 550
- 1 TL Salz
- 2 EL Zucker
- 1 Päckchen Backpulver
- 100 g flüssige Butter

SO WIRD'S GEMACHT

In einer Schüssel drücken Sie in die Mitte des Weizenmehls eine Vertiefung und geben dort die anderen Zutaten hinein. Mischen Sie alles zusammen und kneten Sie einen geschmeidigen Teig. Stechen Sie vom Teig golfballgroße Stücke ab und formen Sie runde Brötchen. Sie können den Teig auch 1 ½ Fingerbreit ausrollen und mit einem Glas die Portionen ausstechen. Geben Sie die bemehlten Teiglinge in einen ft12 und bestreichen Sie die Oberseite mit geschmolzener Butter. Wenn sich der Teig verdoppelt hat, backen Sie die Brötchen mit moderater Hitze von unten und oben etwa 30 Minuten lang.

Waffeleisen

Die Waffeleisen von Petromax sind von Haus aus schon eingebrannt, d.h. Sie brauchen nur unter heißem Wasser ausgespült zu werden und können dann sofort verwendet werden. Zum Backen sollten Sie das Eisen zunächst auseinandergehakt nebeneinander erhitzen. Bei zugeklappten Seiten kann es durchaus vorkommen, dass die beiden Seiten deutlich unterschiedlich heiß sind, was zu einem ungleichmäßigen Backergebnis führt.

Zum Einfetten können Sie Trennspray verwenden, was aber am offenen Feuer gefährlich ist. Besser packt man ein Stück Butter so aus, dass man es am zurückgefalteten Papier greifen kann und nur ein kleiner Teil der Butter hervorschaut. Erhitzen Sie die beiden Seiten der Form auf 160–180 °C. Das können Sie mit einem Laser-Thermometer gut kontrollieren, da dieses berührungslos die Oberflächentemperatur misst. Ist das Eisen deutlich heißer, verbrennt die Waffel, ist es deutlich kälter, klebt der Teig an und das Eisen muss abkühlen und dann gründlich unter Wasser gereinigt werden.

Sobald beide Seiten des Eisens heiß genug sind, haken Sie diese wieder zusammen und beginnen mit dem Backen. Dazu fetten Sie beide Seiten nochmals kurz ein und geben den Teig in die Mitte des unteren Eisens. Nicht zu viel, denn der Teig geht schnell auf und läuft sonst aus der Form. Es ist besser, wenn die Waffelform an den Rändern nicht ganz gefüllt ist. Nehmen Sie eine Kelle oder einen Löffel, der genau so viel Teig fasst, wie Sie benötigen. Sobald der Teig in der Mitte des Eisens platziert ist, schließen Sie dieses und nehmen es vom Feuer, denn die gespeicherte Hitze reicht in der Regel aus, den Teig durchzubacken. Um festzustellen, wie weit die Waffel gebacken ist, öffnen Sie vorsichtig die Form. Die Waffel sollte goldbraun und fest sein und nicht in zwei Schichten auseinanderreißen. Meist hängt sie an einer Seite der Form fest, aber nur an einer kleinen Ecke. Dort lösen Sie die Waffel mit einer Gabel, nehmen sie heraus, um sie auf einen Teller zu legen. Heizen Sie das leere Waffeleisen erneut über der Hitzequelle auf und backen Sie dann nach und nach die weiteren Waffeln.

Zum Reinigen sollten Sie die Form nur mit heißem Wasser kurz ausspülen, mit einem Küchentuch ausreiben oder mit einem Backpinsel die Krümel entfernen. Die Patina ist bei einem Waffeleisen fast noch wichtiger als bei einem Feuertopf.

WAFFELN

Es gibt sicher so vielzählige Waffelrezepte wie Waffelbäcker – ob weich oder knusprig, süß oder herzhaft ... Am Lagerfeuer kann man mit dem Petromax Waffeleisen genauso gut und schnell Waffeln backen wie mit dem elektrisch betriebenen Gegenstück. Am Lagerfeuer gibt es immer genug Fleisch, aber manchmal muss es eben auch etwas Süßes sein.

ZUTATEN FÜR SÜSSE WAFFELN (10–12 STÜCK)

- 500 g Mehl Type 405
- 250 g Zucker
- 250 g zimmerwarme Butter
- 5 Eier
- 1 Päckchen Vanillezucker
- 1 Schuss Rum
- 1 Päckchen Backpulver
- ½ l Milch
- Butter zum Einfetten der Form

SO WIRD'S GEMACHT

Die Eier mit dem Zucker, Vanillezucker, dem Rum und der geschmolzenen Butter in einer Schüssel mit dem Schneebesen durchrühren. Achten Sie darauf, dass die Butter zwar geschmolzen ist, aber nicht so heiß, dass die Eier zu garen beginnen und dadurch ausflocken. Geben Sie dann das Mehl und das Backpulver hinzu und rühren Sie anschließend nach und nach die Milch unter, bis Sie eine zähflüssige Konsistenz erhalten.

Geben Sie den Teig in die Mitte des unteren Eisens und backen Sie die Waffeln mit der Restwärme des vorgeheizten Waffeleisens aus.

ZUTATEN FÜR HERZHAFTE WAFFELN (10–12 STÜCK)

- 400 g Mehl Type 405
- 125 g Butter
- 2 Eier
- 500 ml Buttermilch
- 125 g Käse, gerieben
- 125 g Schinken oder Speck, in kleinen Würfeln
- 2 TL Backpulver
- Knoblauch nach Geschmack
- Salz und Pfeffer

SO WIRD'S GEMACHT

Zuerst schlagen Sie die weiche Butter in einer Schüssel schaumig und fügen dann nach und nach die übrigen Zutaten hinzu. Der Speck muss so fein geschnitten sein, dass er zwischen die Rippen des Waffeleisens passt. Sie können den Speck vorab auch mit dem Knoblauch zusammen in etwas Öl anschwitzen.

Geben Sie den Teig in die Mitte des unteren Waffeleisens und backen Sie die Waffeln mit der Restwärme des vorgeheizten Eisens aus.

WAFFELN MIT KARTOFFELN

Diese Waffeln werden aus gekochten Kartoffeln zubereitet und sind eine herzhafte Beilage.

ZUTATEN FÜR 10–12 STÜCK

250 g Kartoffeln

125 g Mehl Type 405

2 Zwiebeln

250 ml Milch

2 TL Backpulver

2 Eier

75 g flüssige Butter

Muskat

Pfeffer und Salz

SO WIRD'S GEMACHT

Drücken Sie die noch warmen, gekochten Kartoffeln durch eine Presse. Zerkleinern Sie die Zwiebeln mit einer Reibe. Dann vermischen Sie die Kartoffeln mit den anderen Zutaten, bis ein glatter Waffelteig entsteht. Backen Sie den Teig ganz normal in einem Waffeleisen aus.

WAFFELKEKSE

Im Waffeleisen kann man nicht nur Waffeln backen, auch Kekse lassen sich hervorragend zubereiten. Der Teig ist fester als Waffelteig, wird in die Mitte gesetzt und beim Zuklappen flachgedrückt.

ZUTATEN FÜR ETWA 20 STÜCK

250 g Mehl Type 405

150 g Butter

100 g Zucker

50 g gemahlene Mandeln

1 Ei

Bittermandel-Aroma oder ein Schuss Amaretto

SO WIRD'S GEMACHT

Verkneten Sie alle Zutaten zu einem glatten Teig. Formen Sie lange Rollen von 3–4 cm Durchmesser und lassen Sie sie im Kühlschrank zwei Stunden ruhen. Dann schneiden Sie von den Rollen walnussgroße Stücke ab. Legen Sie diese in die Mitte der aufgeheizten Waffelform und drücken Sie dann die Form vorsichtig zusammen. Der Teig sollte seine runde Form behalten und das Eisen nicht ganz ausfüllen. Zu große Teigstücke lassen sich in der Form nicht zusammendrücken. Kontrollieren Sie hin und wieder, ob die Plätzchen schon durchgebacken sind. Die helleren sind weicher, die dunkleren werden knuspriger.

Waffelkekse

Atago

Der Atago ist weit mehr als eine einfache Feuerstelle, um den Boden zu schonen. Durch die doppelwandige Konstruktion wird die Luft gezielt zugeführt und sorgt so für eine fast raucharme Verbrennung. Der Atago ist mit seinen rund 6 kg Gewicht deutlich leichter als manch andere Feuerstelle. Dadurch kühlt er auch schneller wieder aus – wichtig für Draußen-Köche die weiterreisen möchten und nicht zu lange warten mögen, bis sie den Atago wieder verstauen können.

Zum Auseinanderklappen reicht es, wenn Sie den Atago am Henkel hochheben, dabei ziehen Sie die beiden Hälften auseinander und die Beine klappen automatisch aus. So aufgebaut steht der Atago sicher auf den drei Beinen und kann sofort befeuert werden. Der Aufbau ist relativ einfach: Sie legen unten in den Atago den Kohlerost ein, bei Bedarf den Grillrost oben auf, sobald die Kohlen zum Grillen durchgeglüht sind.
Zum Zusammenlegen heben Sie das Unterteil hoch, dabei fällt der obere Teil in den unteren und die Beine klappen ein.

Durch die effiziente Verbrennung produziert der Atago nur sehr wenig Ruß und Asche und lässt sich dadurch schnell reinigen und die Feuertöpfe versotten nicht.
Der Atago ist nach unten gut abgeschirmt, sodass Sie ihn problemlos auch längere Zeit auf dem Rasen als Feuerstelle betreiben können, ohne dass die Grasnarbe leidet.

Grillen auf dem Atago

Um mit dem Atago zu grillen, feuern Sie ihn mit Grillkohle oder -briketts an und warten, bis diese durchgeglüht sind. Dann legen Sie den Grillrost auf und können losgrillen. Der Grillrost ist nicht in der Höhe verstellbar, was aber auch nicht notwendig ist, denn Sie können die Temperatur durch die Einstellung der Zuluft steuern. Da die Kohlen sehr gut glühen, sollten Sie nicht mehr als eine, höchstens zwei Schichten Kohlen einfüllen. Auf keinen Fall den Atago randvoll mit glühender Kohle auffüllen.

Lagerfeuerstelle

Der Atago ist auch als Lagerfeuerstelle geeignet, sodass Sie nach dem Kochen noch gemütlich am Feuer sitzen können. Zwei bis drei armdicke Holzscheite sind genug, um ein schönes Flammenspiel zu erzeugen. Auch hier sollten Sie den Atago nicht überladen.

Kochstelle für den Feuertopf

Sie können den Atago auch als Kochstelle für Feuertöpfe nutzen. Dabei hängen der ft6 und ft9 mit den „Ohren" des Topfes auf dem oberen Rand. Die Kohle von unten heizt sehr effektiv, lediglich durch den schmalen Spalt zwischen Topf und Atago kann die Hitze entweichen. Seitenwind macht dem Atago nichts aus.

Anzünden

Das Anfeuern geht am leichtesten, wenn Sie zunächst etwas festen Grillanzünder unter den Kohlerost geben und darauf die Holzkohle oder die Holzscheite verteilen. Die Luftlöcher unten sollten komplett geöffnet sein.

Zubehör

Als Zubehör gibt es eine gut ausgestattete Tragetasche sowie eine Umluftkuppel, mit der sich die Hitze einfangen und als Oberhitze nutzen lässt.

Wichtiger Hinweis:

Wenn Sie die Rezepte in einem Feuertopf im Atago zubereiten möchten, sollten Sie die Anzahl der Kohlen unter dem Topf unbedingt halbieren. Durch die gute Ausnutzung der Wärmebildung wird es den Gerichten sonst zu heiß. Die Anzahl der Kohlen für die Oberhitze bleiben gleich.

Sollten Sie die Umluftkuppel für den Atago nutzen, dann brauchen Sie keine Kohlen auf den Deckel zu legen. Beim Überbacken können Sie auch auf den Deckel verzichten, dann kommt die Hitze direkt an die Oberfläche der Speise.

ZIMTSCHNECKEN, DIE SPEZIALITÄT DES HAUSES

Jedes Restaurant hat eine Spezialität des Hauses. Und wenn es eine Spezialität für den Dutch-Oven-Bäcker gibt, dann sicherlich Zimtschnecken. Da dieses Gericht nicht nur gut schmeckt, sondern auch etwas an Geschick verlangt und fantastisch aussieht, sind gelungene Zimtschnecken quasi der Ritterschlag des Backens am Lagerfeuer.

Bei Zimtschnecken ist die Grundlage ein Hefeteig aus Weizenmehl, Butter, Milch, Zucker, Salz, Vanillezucker und Hefe.

Beim Mehl sollten Sie Weizenmehl Type 405 nehmen, für besonders fluffige Zimtschnecken geht auch bedenkenlos Type 550, also Brötchenmehl. Das Mehl mit Type 550 bildet einen elastischeren Teig, der größere Löcher einschließen kann. Geschmacklich gibt es keinen Unterschied. Das Mehl sollte Zimmertemperatur haben. Die Hefe fühlt sich in warmer Umgebung wesentlich wohler. Lösen Sie die Hefe mit etwas Zucker in einer Tasse warmer Milch auf. Das Mehl in eine Schüssel geben, in der Mitte eine Vertiefung formen und die aufgelöste Hefe hinzufügen. Arbeiten Sie die Hefe vom Rand her in das Mehl ein und geben Sie die restliche Milch hinzu, um einen Vorteig zu erhalten. Zehn Minuten gehen lassen.

Anschließend fügen Sie die restlichen Zutaten hinzu und arbeiten den Teig gut durch, bis er sich von der Schüssel löst und fest und geschmeidig ist. Den Teig eine Stunde gehen lassen, bis er etwa doppelt so hoch aufgegangen ist.

Mischen Sie die Zutaten für die Füllung und legen Sie den Feuertopf mit Backpapier aus. Lassen Sie es an den Seiten etwas überstehen, damit sie die Zimtschnecken später ganz leicht entnehmen können.

Rollen Sie den Teig flach aus. Wichtig ist hierbei, schnell zu arbeiten und ein intensives Kneten zu vermeiden. Verwenden Sie genügend Mehl, um die Arbeitsfläche und das Kuchenholz einzupudern, denn der Teig darf nicht festkleben.

Bestreichen Sie den Teig dann mit der Füllung und rollen Sie ihn über die Längsseite zu einer Rolle auf. Schneiden Sie dann einzelne Scheiben von der Rolle ab, etwa drei Fingerbreit pro Stück. Die Scheiben legen Sie auf die Schnittkante in den Feuertopf. Er sollte gleichmäßig gefüllt sein.

Lassen Sie den Teig nun ein zweites Mal gehen. An einem heißen Sommertag genügt es, den Topf in die Sonne zu stellen. An kalten Tagen helfen einige wenige Briketts (etwa 3–5 Stück). Die Größe der Schnecken sollte sich noch einmal etwa verdoppeln, bis sie den Topf komplett ausfüllen.

Mit wenig Hitze von unten und mittlerer Hitze von oben ausbacken, bis die Zimtschnecken durchgebacken sind und an der Oberseite eine hellbraune Farbe annehmen. Sollten sie nicht richtig bräunen, nehmen Sie die unteren Briketts mit auf den Deckel und geben den Zimtschnecken kurz eine kräftige Oberhitze.

Sie können die Zimtschnecken entweder warm aus dem Feuertopf löffeln und mit Vanillesauce genießen, oder abkühlen lassen, aus dem Topf nehmen und mit Aprikosenmarmelade bestreichen, damit sie schön glänzen. Als Guss können Sie Orangensaft mit Puderzucker verrühren und aufstreichen.

Hobo-Kocher

Der Hobo-Kocher ist eine kleine Feuerstelle, die es ermöglicht, auch mit schlechtem Brennmaterial kleine Töpfe und Pfannen zu beheizen. Das Feuer ist schnell entzündet und auch schnell wieder ausgebrannt. Er eignet sich daher vorwiegend als Feuerstelle und Hitzequelle für schnelle Gerichte wie Pfannkuchen oder Reibekuchen.

Variante

NUTELLA®-KIRSCH-SCHNECKEN

Als Abwandlung bestreichen Sie den ausgerollten Teig mit 5 EL NUTELLA® (ein langer Streifen), 5 EL Kirschmarmelade (ein langer Streifen) und belegen diesen mit abgetropften Kirschen aus dem Glas. Dann rollen Sie den Teig ein und schneiden und backen ihn genauso wie die Zimtschnecken.

Zutaten für den Teig	ft4.5	ft6 / ft9	ft12	ft18
Mehl	330 g	500 g	750 g	1000 g
Milch	170 ml	250 ml	375 ml	500 ml
Zucker	50 g	75 g	110 g	150 g
geschmolzene Butter	50 g	75 g	110 g	150 g
Hefe	½ Pkt.	1 Pkt.	1 ½ Pkt.	2 Pkt.
Salz	1 Prise	1 Prise	1 Prise	1 Prise

Für die Füllung	ft4.5	ft6 / ft9	ft12	ft18
Butter	40 g	60 g	90 g	120 g
brauner Zucker	50 g	75 g	110 g	150 g
Kokosraspeln	50 g	75 g	110 g	150 g
Rosinen	50 g	75 g	110 g	150 g
Rum	nach Bedarf	nach Bedarf	nach Bedarf	nach Bedarf
Zimt	½ TL	1 TL	1 ½ TL	2 TL
Kakaopulver	1 EL	1 EL	1 ½ EL	2 EL

Lassen Sie Ihrer Kreativität bei der Füllung freien Raum. Wer keine Kokosflocken mag, kann auch gehackte Mandeln, geröstete Haferflocken etc. verwenden. Die Rosinen können Sie über Nacht in Rum einlegen. Oder Sie machen einen pikanten Teig ohne Zucker und füllen die Schnecken mit Speck, Zwiebeln und Käse.

HERZHAFTES

ZWIEBEL-KUCHEN

Beim Thema Zwiebelkuchen scheiden sich die Geister. Die einen mögen ihn dick belegt und saftig, die anderen dünn belegt und knusprig. Dieser hier ist dick belegt und saftig und eignet sich für das Backen im Feuertopf besser als der dünne Flammkuchen, da die Hitze dafür meist nicht ausreicht.

ZUTATEN FÜR EINE K8 ODER EINEN FT6

Pizza-Grundteig aus 500 g Mehl (siehe Seite 115)

FÜR DEN BELAG:

- 1 kg Zwiebeln
- 250 g Bauchspeck
- nach Belieben Kümmel
- Muskat
- Pfeffer und Salz
- Butter zum Braten
- 1 Becher Schmand
- 2 Eier

SO WIRD'S GEMACHT

Würfeln Sie die Zwiebeln und den Speck, braten Sie sie in Butter an und würzen Sie mit Pfeffer, Muskat und Kümmel. Etwas abkühlen lassen. Rollen Sie den Teig aus und geben Sie ihn in eine gebutterte Kastenform k8 oder einen ft6. Ziehen Sie an der Wand einen Teigrand von mindestens zwei Fingerbreit hoch. Geben Sie die angebratene Zwiebelmasse auf den Teig und verquirlen Sie die Eier mit dem Schmand. Diese Eier-Mischung kommt auf die Zwiebelmasse. Wer mag, kann auch noch geriebenen Käse darüber geben.

Backen Sie die Form 30–45 Minuten, bis der Teig durchgebacken und die Mischung gestockt und braun ist. Nutzen Sie wenig Hitze unten und mittlere Hitze oben. Zum Überbacken nehmen Sie dann gegebenenfalls die Briketts von unten mit nach oben auf den Deckel.

QUICHE

ZUTATEN FÜR DEN TEIG

- 300 g Mehl Type 405
- 20 g Butter
- 1 Ei
- 1 Prise Salz
- Mehl zum Ausrollen
- Butter für die Form

FÜR DEN BELAG

- 100 g Speck
- 1 Zwiebel
- 1 Stange Lauch
- 4 Eier
- 250 ml Sahne
- Pfeffer und Salz
- Muskatnuss
- Butter oder Öl zum Anbraten

SO WIRD'S GEMACHT

Für den Mürbeteig geben Sie das Mehl auf die Arbeitsfläche und formen eine Mulde in der Mitte, dort hinein geben Sie das Ei, die Prise Salz und die kalte Butter. Um die Butter leichter verarbeiten zu können, können Sie diese in kleine Stücke schneiden oder mit einer Reibe zerkleinern. Kneten Sie alles zu einem glatten Teig, wickeln Sie diesen in Frischhaltefolie und lassen Sie ihn eine halbe Stunde im Kühlschrank ruhen. In der Zwischenzeit braten Sie den feingewürfelten Speck in Butter an, geben die gewürfelten Zwiebeln und den in feine Ringe geschnittenen Lauch dazu und lassen alles zusammen glasig werden.

Rollen Sie den Teig nach Ende der Ruhezeit auf einer bemehlten Arbeitsfläche aus und legen dann eine ofenfeste Form damit aus. Arbeiten Sie auch an der Wand hoch. Um den Belag fertigzustellen, vermischen Sie die Eier mit der Sahne und geben die angebratene Mischung aus Speck, Lauch und Zwiebeln dazu. Schmecken Sie sie herzhaft mit Pfeffer und Muskat ab. Salzen Sie lieber weniger, da Speck an sich schon recht salzig ist.
Eine normale Tarteform mit 26 cm Durchmesser passt in einen ft6 bequem hinein, Sie sollten aber Backpapier unterlegen, um das Herausnehmen zu erleichtern. Die Quiche bei wenig Hitze von unten und mittlerer Hitze von oben zwischen 30 und 40 Minuten backen. Die Oberfläche sollte leicht gebräunt sein, die Füllung komplett gestockt und der Boden knusprig.

Zwiebelkuchen

WÜRSTCHEN IM SCHLAFROCK

Es gibt nur wenige Dinge, bei denen sich auch gute Köche eines Fertigprodukts bedienen, aber Blätterteig gehört definitiv dazu. Das Herstellen ist schwierig und aufwendig, und der Unterschied zu fertigem, hochwertigem Blätterteig aus der Kühlung oder Tiefkühlung ist nur so marginal, dass sich der Aufwand nicht lohnt. Dafür ist Blätterteig sehr gut geeignet, um kleine Gebäckstücke zu fertigen, die man als Fingerfood reichen kann. Angefangen von „Würstchen im Schlafrock" für Kinder über Camembert im Blätterteig mit Preiselbeeren oder Apfelstücke mit Marmelade ist eine Menge möglich.
Die Verwendung der Blätterteig-Platten ist denkbar einfach: Den Teig ausrollen, mit Ausstechern in Form bringen, mit verschlagenem Eigelb bestreichen und backen, bis er goldgelb ist. Die Füllungen sollten stets dünn sein und auch nicht zu lange gegart werden müssen, damit die Teighülle nicht verbrennt.

ZUTATEN PRO PORTION

1 Würstchen, gerne die geraden, weichen Hot-Dog-Würstchen

1 Blätterteig-Platte

etwas Ei

SO WIRD'S GEMACHT

Legen Sie die Blätterteig-Platte auf ein Schneidebrett und rollen Sie das Würstchen darin ein. Die überlappenden Flächen bestreichen Sie als „Klebstoff" mit etwas verschlagenem Ei.
Spießen Sie das Würstchen wie im Bild gezeigt auf den Lagerfeuer-Spieß. Bepinseln Sie den Blätterteig rundherum noch einmal mit etwas verschlagenem Ei und backen Sie das Ganze langsam über der Glut aus.

Auf keinen Fall sollten Sie die Würstchen direkt in die Flammen halten, denn dann verbrennt außen der Teig und die Würstchen bleiben innen kalt.

AUFLÄUFE

BROTPUDDING MIT WHISKY-SAUCE

Unter Pudding versteht man in der Western-Küche nicht die Süßspeise, sondern es handelt sich um eine typische Resteverwertung und ein Arme-Leute-Essen, das unglaublich gehaltvoll und fettig ist. Ein typischer Vertreter dieser Puddings ist heute noch als Plum-Pudding bekannt und wird zum englischen Weihnachtsfest gereicht. Ein Pudding besteht typischerweise aus Mehl, Fett und getrockneten Früchten. Dazu kommen eventuell Eier und viele exotische Gewürze. Um die Backzeit zu verkürzen, wird heutzutage meist altbackenes Weißbrot hinzugegeben, dazu eine Ei-Sahne-Milch-Mischung und verschiedene Früchte oder andere Zutaten. In einem traditionellen Pudding wird geraspelter Rindertalg verwendet, der geschmacksneutral ist und den Teig lockert, wenn er gleichmäßig verteilt ist.

Gerade ein moderner Pudding kann bedenkenlos in einem normalen Feuertopf gebacken werden. Da der Teig nicht aufgeht, lässt sich die Masse gut abschätzen. Nach dem Backen wird der Pudding gestürzt. Dazu ist es wichtig, die Form großzügig zu buttern und sehr sorgsam mit Semmelbröseln auszustreuen. Der Teig wird dann eingefüllt und sollte in der Form nicht mehr bewegt werden, um die Beschichtung mit den Bröseln nicht zu zerstören.

ZUTATEN FÜR EINEN FT6 ODER FT9

- ½ altbackenes Weißbrot oder 10 altbackene kleine Hamburger Buns
- ½ l Milch
- 250 g Zucker
- 1 Prise Salz
- 4 Eier
- 125 g Butter
- 1 Vanilleschote oder 1 Fläschchen Vanille-Backaroma
- 1 Zimtstange
- ½ TL Muskatnuss

SO WIRD'S GEMACHT

Wenn Sie Vanilleschote verwenden, müssen Sie diese zuvor der Länge nach halbieren, auskratzen und die Schote mit dem Vanillemark einmal mit der Milch aufkochen, damit sich der Geschmack im Gericht entfaltet. Die Milch muss dann wieder abkühlen, sonst gerinnen die Eier.
Mischen Sie die Milch mit den Gewürzen, dem Zucker, dem Salz und der Butter und erwärmen Sie die Mischung etwa handwarm, bis die Butter geschmolzen ist. Dann geben Sie die Eier dazu und verrühren alles gut.
Das Brot in etwa 2 x 2 cm große Stücke reißen. Hier ist eine genaue Mengenangabe schwierig, da diese je nach verwendetem Brot variiert. Geben Sie die Brotstücke in die Schüssel mit der Milchmischung und kneten Sie die Masse kurz durch. Die Brotstücke sollten noch als solche zu erkennen sein und die Masse sollte „erdfeucht", nicht nass sein.
Geben Sie die Masse in den gut gefetteten ft6 oder ft9 und streichen Sie die Oberfläche glatt.
Backen Sie die Masse mit mittlerer Hitze von oben und wenig Hitze von unten, bis sie fest, aber nicht trocken ist. Das sollte rund 30–45 Minuten dauern.

VARIANTEN:

Verteilen Sie im Puddingteig Rosinen, die in Rum eingelegt sind und nutzen Sie diesen Rum statt des Whiskys für die Sauce.

WHISKY-SAUCE

ZUTATEN FÜR EINEN FT1

- 250 g Zucker
- 150 g Butter
- 2 Becher Sahne
- Whisky nach Geschmack (100–200 ml)

SO WIRD'S GEMACHT

Schmelzen Sie die Butter im Feuertopf, geben Sie den Zucker und die Sahne dazu und lassen Sie die Masse kurz aufkochen. Damit nicht zu viel Alkohol verdampft, geben Sie den Whisky erst später hinzu.

TORTILLA-LASAGNE

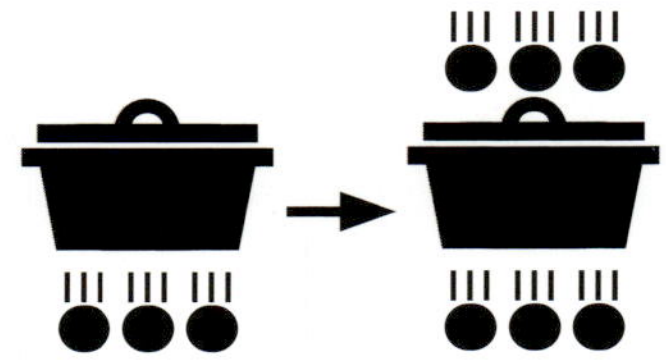

ZUTATEN FÜR EINEN FT6 ODER FT9

- 8 Tortillas aus Weizenmehl
- 2 Dosen Bohnenpüree
- 1 großes Glas Salsa-Sauce

FÜR DIE FÜLLUNG

- 1 kg Hackfleisch (Rind oder gemischt)
- 2 große Zwiebeln, fein gehackt
- 2 Knoblauchzehen, fein gehackt
- gehackte Jalapeños nach Geschmack
- 1 große Dose gestückte Tomaten
- 1 große Dose Kidney-Bohnen
- 1 Dose Mais
- 500 g geriebener Käse, vorzugsweise Cheddar
- Fett zum Braten
- Wasser oder Brühe zum Ablöschen
- Chili-Pulver
- Oregano
- Pfeffer und Salz

Tortillas sind eines der wichtigsten Lebensmittel beim Viehtreck. Nicht nur, weil dort die Tex-Mex-Küche weit verbreitet ist, sondern auch, weil sich diese Weizenfladen gut halten und flexibel einzusetzen sind. Die runden Tortillas bieten sich geradezu an, wie eine Lasagne mit gebratenem Hackfleisch und einer würzigen Sauce in einem Dutch Oven gestapelt zu werden. Mit Käse überbacken, erhält man ein schnelles, aber äußerst schmackhaftes Mahl aus nur einem Topf. Die Tortillas sind weich geworden und haben den Geschmack der Sauce aufgesaugt.

SO WIRD'S GEMACHT

Geben Sie etwas Fett in einen ft9 und braten Sie das Hackfleisch gut zerkleinert an. Geben Sie es anschließend in eine separate Schüssel. Dünsten Sie nun die Zwiebeln, den Knoblauch und die Jalapeños im ft9 glasig und weich und geben diese zum Hackfleisch. Fügen Sie Dosentomaten, Bohnen und Mais hinzu. Sollte die Masse zu trocken sein, geben Sie etwas Wasser oder Brühe hinzu, bis sie so flüssig ist wie ein Chili. Fügen Sie zum Schluss etwa die Hälfte des geriebenen Käses hinzu und verrühren Sie alles noch einmal gründlich.

Zum Schichten füllen Sie etwas von der Masse unten in den Feuertopf, dann kommt eine mit Bohnenmus bestrichene Tortilla, wieder Füllung, eine Schicht Salsa, etwas von dem Käse. Jetzt beginnt das Schichten wieder von vorne. Die letzte Schicht bildet die Füllung. Darauf kommt reichlich Käse: Etwa die Hälfte bis zwei Drittel der kompletten Käsemenge sollte zum Überbacken oben auf die Lasagne gestreut werden. Würde man den Käse direkt auf eine Tortilla verteilen – ohne die Füllung – würde das Gericht zu trocken.

Zum Backen erhitzen Sie den Topf mit mittlerer Hitze von unten und warten, bis der ganze Inhalt richtig kocht, dann legen Sie so viele Briketts wie möglich auf den Deckel und überbacken den Käse.

Sie können die Salsa auch selbermachen mit einer Dose Tomaten, etwas Chili-Sauce und fein gehackten Zwiebeln. Einige eingelegte Jalapeños feingehackt mit etwas von der säuerlichen Einlegeflüssigkeit und etwas Zucker runden die Sache ab.

Feuergrill

Der Feuergrill tg3 von Petromax ist eine ganz besondere Konstruktion, angelehnt an die japanischen Hibachi-Öfen bzw. die Schmiedefeuer, in denen das Eisen für die Samurai-Schwerter geschmolzen wurde. Die Kohlen liegen auf einem Rost und bekommen von unten Frischluft, die durch den Sog der nach oben steigenden Hitze nachgezogen wird. Neben der eigentlichen Aufgabe – dem direkten Grillen – ist der Feuergrill auch als Hitzequelle für die verschiedenen Pfannen und als Feuerstelle für die Feuertöpfe geeignet.

NUDELAUFLAUF

Ein Nudelauflauf geht immer, ist ideal zur Resteverwertung und bei Kindern sehr beliebt. Eigentlich sollte man ihn viel öfter machen, denn er ist auch schnell zubereitet.

ZUTATEN FÜR EINE K8

- 300 g Nudeln
- 200 g Kochschinken
- 3 Eier
- 250 ml Saure Sahne
- 200 g Käse, gerieben
- Muskat
- Pfeffer und Salz

SO WIRD'S GEMACHT

Kochen Sie die Nudeln in reichlich Salzwasser bissfest und gießen Sie sie ab. Würfeln Sie den Schinken und schichten Sie ihn abwechselnd mit den Nudeln in den Feuertopf. Verschlagen Sie die Sahne mit den Eiern und würzen Sie mit Pfeffer, Salz und Muskatnuss. Zum Abschluss kommt reichlich geriebener Käse, zum Beispiel Emmentaler, darüber. Backen Sie den Auflauf mit wenig Hitze von unten und viel Hitze von oben, bis er durcherhitzt, die Ei-Sahne-Mischung gestockt und der Käse leicht gebräunt ist.

RÖHRENKLUMP

Dieses herrlich bodenständige Kartoffelgericht hat seinen Ursprung in der Gegend um Braunschweig. Der Name verweist auf die Zubereitung: Der Kartoffelpufferteig wird hier nicht als Plätzchen gebacken, er kommt als „Klumpen“ in die Backröhre – ein Röhrenklump. Gegessen wird er mit Sauerkraut. Es gibt auch die Variante, bei der die Masse über das Sauerkraut gegeben wird und beides zusammen in der Form im Ofen gebacken wird. Dann fehlt jedoch ein Großteil der begehrten Kruste.

ZUTATEN FÜR EINE K4

- 2 kg Kartoffeln, Kochtyp nach Belieben
- 4 große Zwiebeln
- 4 EL Mehl
- 8 Eier
- Pfeffer und Salz
- Speck für die Kastenform (grüner Speck, nach Möglichkeit kein Bacon)

SO WIRD'S GEMACHT

Legen Sie die Kastenform mit Speckstreifen aus. Die Kartoffeln und Zwiebeln reiben und mit dem Mehl, den Eiern, Pfeffer und Salz verrühren. Geben Sie die Masse in den Topf und legen Sie einige Streifen Speck darüber.

Mit wenig Hitze unten und mittlerer Hitze oben wird der Röhrenklump etwa zwei Stunden gebacken, bis sich die Masse innen gesetzt hat und fest geworden ist. Der Speck auf der Oberfläche ist fast verschwunden, es sind nur noch wenige Grieben vorhanden.

FEUERTOPF-KARTOFFELN

Kartoffeln aus dem Feuertopf sind eine sättigende und schnell gekochte Beilage. Sollen die Kartoffeln nicht gar so mächtig sein, ersetzt man die Sahne durch Milch.
In einem ft12 kann man für 15 Personen eine Beilage kochen. Wenn man mehr Speck dazugibt, hat man eine wohlschmeckende Hauptspeise.

ZUTATEN PRO PERSON

- 1–2 große Kartoffeln, festkochend
- ½ –1 Zwiebel pro Person
- 100 g Speck pro Person
- geriebener Käse zum Überbacken
- Pfeffer und Salz
- 1 Tasse Sahne

SO WIRD'S GEMACHT!

Würfeln Sie den Speck und die Zwiebeln und schneiden Sie die geschälten Kartoffeln in Scheiben. Schichten Sie zunächst eine Lage Kartoffeln in den Feuertopf, belegen Sie sie mit den Zwiebeln und den Speckwürfeln und salzen und pfeffern Sie kräftig. Je nach Geschmack können Sie auch andere Gewürze, wie z. B. scharfes Paprikapulver etc., verwenden. Dann kommt wieder eine Schicht Kartoffeln, darauf wieder Speck und Zwiebeln usw. Schließen Sie mit einer Lage Kartoffeln ab. Zum Schluss Sahne hinzugießen, sodass der Feuertopf etwa zur Hälfte damit gefüllt ist.
Lassen Sie die Kartoffeln zunächst in der Flüssigkeit und dem Dampf garen, dazu geben Sie mittlere Hitze von unten, Oberhitze wird jetzt noch nicht benötigt. Die Kartoffeln benötigen mindestens 20 Minuten, bis sie gar sind. Erst dann den Käse darüberstreuen und den Deckel mit so viel Glut belegen, wie darauf passt. Warten Sie, bis der Käse zerlaufen und leicht gebräunt ist. Servieren Sie die Feuertopf-Kartoffeln möglichst heiß. Ob als Beilage oder Hauptgericht – es schmeckt immer.

Röhrenklump

MOUSSAKA

Dieser Auberginen-Auflauf ist etwas aufwendiger, da viele Zutaten einzeln angebraten werden müssen, aber es lohnt sich. Und man kann das Gericht vorbereiten und dann erst kurz vor dem Verzehr backen.

ZUTATEN FÜR EINEN FT6

- 600 g Kartoffeln
- 600 g Auberginen
- 500 g Hackfleisch, möglichst vom Lamm
- 2 Zwiebeln
- 2–4 Knoblauchzehen
- 1 große Dose geschälte Tomaten, ohne Saft
- 1 Lorbeerblatt
- ¼ TL Zimt
- Salz und Pfeffer
- 4 Eier
- 3 EL Butter
- 3 EL Mehl
- 400 ml Milch
- 100 g Parmesan
- Muskat
- Olivenöl zum Braten

SO WIRD'S GEMACHT

Schälen Sie die Kartoffeln, schneiden Sie sie in 2 mm dicke Scheiben und braten Sie sie in Olivenöl an. Dann stellen Sie sie zur Seite.

Schneiden Sie die Auberginen in 2 mm dicke Scheiben und legen Sie ein Backblech mit Küchenpapier aus, darauf verteilen Sie die Auberginenscheiben. Salzen Sie die Scheiben, damit sie Wasser verlieren. Dann braten Sie die Scheiben in Olivenöl an und stellen sie zur Seite.

Braten Sie das Hackfleisch in einer Pfanne mit den fein gewürfelten Zwiebeln und Knoblauch an, geben die abgetropften und kleingeschnittenen Dosentomaten dazu und würzen mit Zimt, Lorbeerblatt, Muskatnuss, Pfeffer und Salz. Unter ständigem Rühren lassen Sie die Flüssigkeit verdampfen, entfernen das Lorbeerblatt und nehmen den Topf vom Herd. Sobald alles etwas abgekühlt ist, können Sie zwei Eier unterrühren.

Erhitzen Sie Butter in einer Pfanne, bestäuben diese mit Mehl und lassen das Ganze leicht Farbe nehmen. Füllen Sie die Pfanne nach und nach mit der Milch auf, geben noch einen Esslöffel geriebenen Käse dazu und schmecken Sie mit Pfeffer, Salz und Muskatnuss ab.

Jetzt geht es an das „Zusammenbauen". Fetten Sie dazu einen ft6 mit Olivenöl ein und belegen den Boden mit der Hälfte der Kartoffel- und Auberginenscheiben sowie etwas Käse. Würzen Sie kräftig mit Pfeffer, Salz und Muskatnuss und verteilen Sie die Hackfleischmasse darauf. Diese wird dann mit den restlichen Kartoffel- und Auberginenscheiben bedeckt, mit der Sauce übergossen und mit Käse bestreut.

Mit wenig Hitze von unten und mittlerer Hitze von oben braucht dieser Auflauf zwischen 30 und 45 Minuten.

SAUERKRAUT-AUFLAUF

Dieser Auflauf ist ein Hauptgericht für 4 Personen und auch ein tolles Party-Gericht, das sich gut vorbereiten lässt.

ZUTATEN FÜR EINEN FT6

- 1 große Dose Sauerkraut
- 250 g Schinken- oder Speckwürfel
- 500 g Hackfleisch (Rind, Schwein oder gemischt)
- 250 ml Chilisauce (alternativ BBQ-Sauce)
- 1 Zwiebel, gewürfelt
- 2 Becher Sahne
- 1 Becher Schmand
- Salz und Pfeffer
- Paprikapulver
- Öl zum Braten
- 250 g geriebenen Edamer, nach Geschmack, zum Überbacken

SO WIRD'S GEMACHT

Braten Sie das Hackfleisch im Feuertopf mit etwas Öl an und zerkleinern es. Geben Sie die Zwiebelwürfel dazu. Lassen Sie den Schinken bzw. den Speck im Deckel aus, fügen Sie das Sauerkraut und die Chilisauce hinzu und lassen Sie dies einige Minuten köcheln. Schichten Sie die Masse im Feuertopf über das Hackfleisch und geben Sie die Sahne und die Gewürze über den Auflauf. Mit wenig Hitze von unten und viel Hitze von oben 15-20 Minuten überbacken. Nach Belieben kann geriebener Edamer zum Überbacken verwendet werden.

Steckherde fb1, fb2

Für ein schnelles Kochfeuer, ohne den Untergrund in Mitleidenschaft zu ziehen, sind die Steckherde ideal. Schnell zusammen- und wieder auseinandergebaut lassen sie sich platzsparend verpacken und mit etwas Brennholz einfach befeuern. Um zum Kochen mit größerem Geschirr die Hitze etwas zu strecken, können Sie auch mit Holzkohle oder -briketts einheizen.

KIRSCHMICHEL

Bei diesem Gericht werden angefallene Reste an Brötchen und Weißbrot verbraucht.

ZUTATEN FÜR EINEN FT6
400 ml Milch, evtl. mehr
5 Brötchen vom Vortag oder die gleiche Menge Weißbrot
2 Gläser Kirschen, abgetropft, es geht auch mit frischen oder tiefgekühlten Kirschen
3 Eier
2 EL Zucker
2 EL Vanillezucker
1 Zitrone, der Abrieb
2 EL Butter
½ TL Zimt
Salz
Butterflocken und Mandelblättchen zum Belegen

SO WIRD'S GEMACHT

Schneiden Sie die Brötchen in fingerdicke Scheiben und übergießen Sie sie mit der lauwarmen Milch. Wenden Sie die Brötchen ab und zu, sodass sie sich gleichmäßig mit der Milch vollsaugen.

Trennen Sie die Eier und schlagen Sie das Eiweiß mit einer Prise Salz steif. In einer anderen Schüssel schmelzen Sie die Butter und schlagen diese mit dem Zucker, dem Vanillezucker, dem Eigelb und dem Zitronenabrieb schaumig. Geben Sie die Kirschen und die Brötchen dazu und mischen alles vorsichtig durch. Dann heben Sie den Eischnee darunter und geben alles in den gebutterten ft6. Bestreuen Sie die Masse mit Zimt und Mandelblättchen und geben Sie reichlich Butterflocken darüber.

Backen Sie den Kirschmichel rund 45 Minuten mit wenig Hitze von unten und mittlerer Hitze von oben. Am besten schmeckt er warm aus dem Topf mit Vanillesauce.

PFANNKUCHEN

Raketenofen rf33

Der Petromax Raketenofen ist eine Feuerstelle, die nach dem Prinzip eines Holzvergasers arbeitet und die drei Schritte der Holzverbrennung geschickt optimiert:

In der Mitte brennen daumendicke Hölzer und bilden brennbares Holzgas, das durch eine spezielle Luftführung mit weiterem Sauerstoff – mehr als bei einer Verbrennung in einer offenen Feuerstelle – angereichert wird und so sehr raucharm verbrennt. Die Kohle fällt herunter und bildet ein Glutbett, das die darüber liegenden Holzstücke erhitzt, das Wasser und dann das Holzgas austreibt und somit die Verbrennung und Veraschung beschleunigt. Die Hölzer im Raketenofen verbrennen sehr schnell, dafür wird die darin gespeicherte Energie schnell frei und der Ofen damit sehr heiß.

SAUERTEIG-PFANNKUCHEN

Die Pfannkuchen aus Sauerteig sind kein Nachtisch, sondern zusammen mit Speck, Eiern und gebackenen Bohnen ein wichtiger Teil des amerikanischen Frühstücks.

ZUTATEN FÜR 12 STÜCK

- 2 Tassen Sauerteigstarter (vom Vortag, schön blasig)
- 1 Tasse Weizenmehl Type 405
- 1 Tasse Wasser oder Milch
- 1 leicht geschlagenes Ei
- 2 TL Öl
- 2 TL Zucker
- 1 Prise Salz
- Ahornsirup zum Bestreichen

SO WIRD'S GEMACHT

Vermengen Sie alle Zutaten für die Sauerteigpfannkuchen mit einer Gabel in einer Schüssel und stellen Sie die Schüssel für eine Stunde an einen warmen Ort, bis der Teig blasig ist. Geben Sie den Teig löffelweise in die heiße Pfanne und braten Sie die Pfannkuchen kurz von einer Seite braun an. Wenden und braten Sie sie von der anderen Seite ebenfalls braun an. Die fingerdicken Pfannkuchen sollten locker sein und haben einen feinen Sauerteiggeschmack.

Wem der Geschmack zu sauer ist, der kann den Teig mit einem Teelöffel Natron geschmacklich abmildern.

SPECK-BUCHWEIZEN-PFANNKUCHEN

Diese Pfannkuchen (Bookwieten-Janhinnerk) waren in Niedersachsen das typische Frühstück in den eher armen Gegenden. Traditionell gab es drei Streifen Speck, liebe Gäste bekamen vier Streifen. Statt Milch werden die Pfannkuchen mit schwarzem Kaffee zubereitet. Gegessen werden sie mit Rübensaft oder Marmelade. Buchweizen ist kein Getreide, sondern ein Knöterichgewächs und auf nährstoffarmen, sandigen oder moorigen Böden zuhause.

ZUTATEN FÜR 16 STÜCK

- 1 kg Buchweizenmehl
- 2 l Flüssigkeit (1 l kalter Kaffee, 1 l Wasser)
- 8 Eier
- Salz
- 48 Scheiben Speck – für jeden Pfannkuchen 3 Scheiben
- Öl oder Schmalz zum Braten
- Rübensaft zum Essen

SO WIRD'S GEMACHT

Bereiten Sie aus dem Mehl und den anderen Zutaten einen Teig zu, dabei sollten Sie den Kaffee auf jeden Fall komplett zugeben, das restliche Wasser nach und nach, sodass Sie damit die Konsistenz des Teiges einstellen können. Dann den Teig zwei Stunden ruhen lassen, damit das Mehl aufquillt.

Zum Braten legen Sie drei Speckscheiben in die Pfanne, braten sie von beiden Seiten an und legen sie mit gleichmäßigem Abstand in die Mitte der Pfanne. Wenn nötig, geben Sie noch Fett oder Öl in die Pfanne und füllen mit einer Kelle den Teig so in die Pfanne hinein, dass die Pfanne komplett ausgefüllt ist und die Speckstreifen eingeschlossen sind. Zum Wenden legen Sie einen Teller auf den Pfannkuchen in der Pfanne, drehen Pfanne und Teller um und lassen die Pfannkuchen wieder in die Pfanne gleiten.

CRUMPETS

Das typische englische Gebäck zur Teatime sind English Muffins (Leicht zu verwechseln mit dem süßen Gebäck aus der Muffinform) und Crumpets. Beides sind Hefegebäcke, die grundsätzlich aus den gleichen Zutaten bestehen, nur sind die Crumpets deutlich flüssiger und lassen sich nur mit einem Ring backen. Früher wurde statt Bäckerhefe die abgezogene Hefe vom Bierbrauen verwendet, wobei das bittere Bier noch Geschmack mit in den Teig brachte. Wichtig ist auch die Sitte, die Muffins und Crumpets vor dem Verzehr noch einmal vor dem Feuer zu toasten. So erwärmt werden sie mit Butter und Marmelade bestrichen und gegessen.

Crumpets bestehen aus einem Hefeteig, der so flüssig wie dicker Waffelteig ist. Um den Teig zu backen benötigt man Eisenringe, die den Teig zusammenhalten, bis er angezogen hat. Zum Backen erhitzen Sie eine Fläche – Pfanne, Grill- und Feuerplatte – und legen zusätzlich die Ringe auf. Die Ringe sollten ebenfalls heiß werden, dann klebt der Teig nicht daran fest. Mit einer Kelle geben Sie den Teig in den Ring und backen ihn, bis er Blasen bildet und trocken ist. Crumpets werden nicht gedreht, sondern nur von einer Seite gebacken. Die Oberseite wird dann von jedem Gast selbst mit einer Gabel vor das Feuer gehalten und getoastet und noch heiß mit Butter oder Clotted Cream – einer speziellen Art Sahne – bestrichen. Das relativ geschmacksarme Gebäck wird mit Honig oder Marmelade bestrichen.

ZUTATEN FÜR 10–12 STÜCK

300 g Mehl Type 405

250 ml warmes Wasser

250 ml warme Milch

1 Ei

1 TL Trockenhefe

1 EL Zucker

½ TL Salz

SO WIRD'S GEMACHT

Lösen Sie die Hefe und den Zucker in der warmen Milch und dem Wasser. Sobald sich die Hefe aufgelöst hat, geben Sie das Salz und das Ei hinzu und verquirlen alles mit der restlichen Flüssigkeit. Dann geben Sie nach und nach das Mehl hinzu, bis ein dickflüssiger Teig entsteht. Stellen Sie den Teig warm, bis er nach einigen Stunden anfängt, Blasen zu bilden. Diesen Teig können Sie dann ausbacken. Fetten Sie eine Bratfläche leicht ein und legen Sie die Metallringe auf, sodass diese auch heiß werden. Geben Sie dann den Teig mit einer kleinen Kelle zum Ausbacken in die Ringe. Nach einiger Zeit steigen Blasen auf und bilden Löcher in der Oberfläche. Das ist gewollt und ein typisches Zeichen für Crumpets. Sobald die Oberfläche trocken ist, sind die Crumpets fertig und können aus dem Ring entfernt werden.

Zeltofen Loki2

Der Zeltofen Loki2 wird von vielen Menschen verwendet, die das Leben im Freien, auch draußen am Haus oder Hof, lieben. Eigentlich ist der Loki als Zeltofen gedacht, um bei kalter Witterung im Zelt Wärme und Energie zum Kochen zu spenden. Aber der Loki kann noch viel mehr: Die einklappbaren Beine sorgen für einen einfachen Transport und einen stabilen und sicheren Stand auch auf unebenem Boden.

Durch die Bauart können Sie, wenn die Ofentür mit Sichtfenster und regulierbarem Luftschieber offen bleibt, Holzscheite von über 40 cm Länge ebenfalls verbrennen. Der Kohlerost hält brennendes Holz und Glut von der anfallenden Asche getrennt und sorgt so für gute Belüftung des Brennmaterials. Das untere Ofenrohrelement besitzt eine Drosselklappe zur Steuerung der Verbrennung. Das Winkelrohrset mit 45° Neigung je Rohrelement ermöglicht eine individuelle Bestimmung der Position des Loki im Zelt sowie der Führung des Ofenrohrs nach außen. Die anderen Rohrelemente sind alle gleich groß.

Oben auf das Ofenrohr sollten Sie einen Funkenfänger aufsetzen, so verhindern Sie, dass glühende Funken wegfliegen und dann Schaden anrichten. Zusätzlich können Sie an dem Funkenfänger drei Seile befestigen, um den Schornstein abzuspannen. Sollten Sie den Ofen freistehend einsetzen, dann reicht es, zwei Ofenrohre aufzusetzen. Er zieht dann genug und steht auch solide. Allerdings ist dann der Schutz vor Funkenflug besonders wichtig.

Um das Ofenrohr durch das Zeltdach zu führen, bietet Petromax verschiedene Ausführungen an, von der Lösung für ein Pult-Dach, über ein Tipi und ein Wall-Tent ist alles möglich.

ENGLISH MUFFINS

English Muffins werden ebenfalls aus einem Hefeteig zubereitet, der aber die Konsistenz von Pizzateig hat und sich daher ohne Ring backen lässt. Diese Muffins haben nichts mit den weichen, saftigen Rührteig-Muffins aus den Formen zu tun. Die English Muffins werden auf einer Grillplatte von beiden Seiten gebacken. Vor dem Verzehr werden sie in der Mitte auseinandergerissen – nie geschnitten – und mit einer Gabel so vor das Feuer gehalten, dass die Innenseite getoastet wird. Diese heiße Fläche wird dann mit Butter, Honig oder Marmelade bestrichen und zu einer heißen Tasse Tee genossen.

ZUTATEN FÜR 10–12 STÜCK

- 400 g Mehl Type 405
- 250 ml warmes Wasser
- 1 Ei
- 1 TL Trockenhefe
- 1 EL Zucker
- 1 TL Salz

SO WIRD'S GEMACHT

Lösen Sie die Trockenhefe in dem warmen Wasser mit dem Zucker auf. Geben Sie das Salz, das Ei und das Mehl dazu, bis ein geschmeidiger Teig entsteht. Fügen Sie, wenn nötig, noch warmes Wasser hinzu. Lassen Sie den Teig abgedeckt gehen, bis er sich verdoppelt hat. Danach kneten Sie ihn kurz durch, rollen ihn etwa einen Zentimeter dick aus und stechen mit einem Metallring die einzelnen Muffins aus. So ausgestochen lassen Sie die Muffins noch eine Zeit lang stehen, bis sie deutlich aufgegangen sind. Zum Backen fetten Sie eine Grill- und Feuerplatte ein und geben die Muffins auf die heiße Platte. Nach einigen Minuten, wenn die Unterseite durchgebacken ist, drehen Sie die Muffins um und backen auch die zweite Seite.

Vor dem Verzehr reißt man die Muffins in der Mitte auseinander, zum Beispiel mit Hilfe der Gabel, niemals mit dem Messer. Bei Muffins wird nur die Innenseite getoastet, und dann werden sie mit Butter und Marmelade bestrichen.

KAISERSCHMARRN

Kaiserschmarrn ist ein Klassiker der österreichischen Küche, wo Mehlspeisen eine große Rolle spielen. Er wird mit viel Puderzucker serviert.

ZUTATEN

- 200 g Mehl Type 405
- 300 ml Milch
- 100 g Zucker
- 4 Eier
- 2 EL Rosinen
- 1 Prise Salz
- Puderzucker zum Bestreuen
- 2 EL Butter zum Braten
- Apfelmus zum Servieren

SO WIRD'S GEMACHT

Trennen Sie die Eier und schlagen Sie das Eiweiß mit der Hälfte des Zuckers und einer Prise Salz steif. In einer zweiten Schüssel rühren Sie das Mehl mit dem Eigelb, der Milch, dem restlichen Zucker und einer Prise Salz schaumig. Nun geben Sie das Eiweiß in den Teig und heben es unter. Lassen Sie die Butter in einer Pfanne aufschäumen, geben Sie den Teig komplett hinein und verteilen Sie die Rosinen auf dem Teig. Sobald der Teig unten braun ist, drehen Sie den Kaiserschmarrn um. Wenn auch die zweite Seite braun ist, zerreißen Sie den Kaiserschmarrn mit zwei Gabeln in mundgerechte Stücke und bestreuen ihn mit Puderzucker. Zum Servieren geben Sie etwas Apfelmus auf den Teller.

Kaiserschmarrn

REIBEKUCHEN

Das Typische am Pufferbraten ist der Fettgeruch, der zwei Tage in der Wohnung hängt. In der Outdoor-Küche ist das kein Problem, Sie befinden sich ja draußen. Jedoch sollten Sie sich auf Besuch einstellen, da der Geruch die Nachbarn anzieht.

ZUTATEN PRO PERSON

- 1 große Kartoffel, gerne auch mehr, Kochtyp nach Belieben
- 1 kleine Zwiebel
- 1 Ei
- 1 EL Mehl
- Pfeffer und Salz
- Schmalz zum Braten

SO WIRD'S GEMACHT

Die geschälten Kartoffeln werden roh gerieben, ebenfalls die Zwiebel. Lassen Sie die Masse etwas stehen. Gießen Sie dann das Wasser ab, das sich unten in der Schüssel gesammelt hat.
Geben Sie dann die Eier, etwas Pfeffer und Salz und das Mehl hinzu. In einer Pfanne oder auf einer Grill- und Feuerplatte erhitzen Sie Schmalz oder Butterschmalz und braten die Puffer portionsweise von beiden Seiten goldbraun und knusprig.

POFFERTJES

ZUTATEN

- 125 g Weizenmehl
- 125 g Buchweizenmehl
- 450 ml lauwarme Milch
- 5 g Trockenhefe (oder 10 g frische Hefe)
- 1 EL Zucker
- 1 Prise Salz

SO WIRD'S GEMACHT

Die Zutaten zu einem Teig vermengen und kurz ruhen lassen.
In der Zwischenzeit den Atago anfeuern, die Poffertjespfanne dünn mit Speiseöl bestreichen, auflegen und aufheizen.
Die Poffertjespfanne herunternehmen, den Teig mit einer Kelle oder einem Esslöffel in die Mulden füllen und die Poffertjespfanne wieder auf Atago legen.
Die Poffertjes nach etwa 1–2 Minuten mit einem Holzstäbchen zügig wenden und von der anderen Seite ebenfalls 1–2 Minuten backen.
Poffertjes werden traditionell mit frischer Butter und Puderzucker serviert.

Für besonderes Aroma: Dem Teig 1 TL Filterkaffee und das Mark einer Vanilleschote zufügen.

Poffertjespfanne

Große und kleine Abenteurer werden dank der gusseisernen Poffertjespfanne blitzschnell mit 30 Poffertjes pro Durchgang versorgt. Die Poffertjespfanne kann problemlos zum Backen über offenem Feuer oder glühender Kohle verwendet werden. Die kann mit einem Durchmesser von 30 cm aber auch optimal am oberen Rand des Atagos aufgelegt werden. Und dank der unten abgeflachten Backmulden ist sie auch absolut unkompliziert im heimischen Backofen einsetzbar.

Grill- und Feuerschalen

In vielen Gegenden der Welt gibt es leicht gewölbte Platten, die zum Garen von Speisen und zum Backen genutzt werden. Ob in Afrika, den nordischen Ländern oder Südamerika – überall, wo Fladenbrot gegessen wird, hat sich diese Form durchgesetzt. In der Mitte sammelt sich das Fett, auch wenn die Platte nicht ganz gerade steht.

Vor der ersten Benutzung muss die Platte eingebrannt werden. Dazu eignen sich Kartoffeln mit oder ohne Schalen, sowie etwas Salz.

Die Platten sind als Korrosionsschutz vom Werk mit Fett eingerieben, das Sie mit etwas heißem Wasser entfernen können. Dann stellen Sie die Platte aufs Feuer und geben in die Mitte reichlich Salz. Geben Sie auf das Salz so viel einfaches Sonnenblumenöl, dass ein zäher „Schlamm" entsteht. Diesen können Sie nun nach und nach auf alle Stellen der Platte verteilen und so dafür sorgen, dass diese Stelle schwarzgebrannt wird. Durch das Erhitzen brennt sich das Öl in die Oberfläche ein und die Platte verfärbt sich dunkel. Diese sogenannte Patina ist erwünscht, sie verleiht der Oberfläche die hervorragenden Brateigenschaften. Achten Sie darauf, dass das verbleibende Öl abraucht.

Sobald die Platte mindestens braun, wenn nicht sogar schwarz ist – das hängt von der Intensität und der Zeit des Einbrennens ab – schütten Sie das Salz weg und wischen die Platte mit einem Küchentuch ab. Jetzt geben Sie frisches Öl auf die Platte und können loskochen. Im Laufe der Benutzung verbessern sich die Brateigenschaften von Mal zu Mal.

Petromax

PIZZA

PIZZATEIG-GRUNDREZEPT

ZUTATEN FÜR ETWA 4–6 PIZZABÖDEN (JE NACH GRÖSSE UND DICKE)

500 g Mehl Type 550 oder Pizzamehl Tipo 00

1 Päckchen Trockenhefe

1 ½ EL Zucker

300 ml lauwarmes Wasser

3 EL Olivenöl

2 TL Salz

SO WIRD'S GEMACHT

Das Mehl in eine Schüssel sieben und mit dem Öl und den trockenen Zutaten vermischen, dann das lauwarme Wasser dazugeben. Den Teig durchkneten, bis er sich von der Schüsselwand löst und zugedeckt eine Stunde an einem warmen Ort gehen lassen, bis sich der Teig verdoppelt hat. Eine andere Möglichkeit ist die Kaltgärung, bei der der Teig im Kühlschrank oder bei Raumtemperatur vier bis sechs Stunden braucht, um richtig aufzugehen. Er lässt sich dadurch aber deutlich besser verarbeiten als bei der schnellen Methode an einem warmen Ort.

Den aufgegangenen Teig noch einmal ordentlich durchkneten, denn Weizenteig wird – im Gegensatz zu Roggenteig – durch Kneten besser. Dann den Teig zu etwa apfelgroßen Kugeln formen und diese ausrollen, am Rand leicht aufbiegen, damit der Belag nicht unter den Teig fließt. Dann nach Geschmack belegen.

Zuerst die Tomatensauce dünn (wichtig!) auf dem Teig verteilen. Dann legen Sie dünne Scheiben Mozzarella auf die Pizza und dazwischen frische Basilikumblätter. Bei einer Pizza mit verschiedenen Belägen legen Sie alles außer den frischen Champignons oder der Salami (die kommen über den Käse) auf die Pizza, dann reichlich Oregano darüberstreuen, dann folgen der Käse, die Champignons und die Salami.

PIZZA

Eine gute Pizza besteht aus einem dünnen, knusprigen Boden, einer pikanten Tomatensauce, etwas gutem Mozzarella und Basilikum. Aber noch wichtiger ist eine extrem heiße Hitzequelle. Diese Hitze können wir in einem Feuertopf nicht erzeugen, sodass Sie bei der Auswahl des Rezeptes nicht auf die italienische Pizza, sondern auf eine amerikanische Pizza ausweichen sollten. Diese wird als „Deep Dish" in einer Form gebacken und besitzt einen dickeren Boden, mehr Belag und manchmal auch noch einen mit Käse gefüllten Rand.

ZUTATEN für 4–6 Pizzen oder 20–25 Mini-Pizzen
Pizzateig nach Grundrezept (siehe Seite 115)

FÜR DIE SAUCE:

- 1 Dose Tomaten
- 1 Zwiebel
- 2 Knoblauchzehen
- 1 TL Oregano
- Salz und Pfeffer
- Olivenöl zum Braten

FÜR DEN BELAG:

- 400 g Mozzarella, gerieben
- Parmesan, frisch gerieben

NACH BELIEBEN:

- Emmentaler
- Paprika
- Pilze
- Zwiebel
- Schinken
- Salami
- Thunfisch
- Oliven
- Peperoni
- Pulled Pork

SO WIRD'S GEMACHT

Für die Sauce braten Sie die feingewürfelte Zwiebel und den Knoblauch an, löschen mit den Dosentomaten ab und schmecken sehr pikant mit Pfeffer, Salz und Oregano ab. Lassen Sie die Sauce etwas einköcheln, damit sich die Zwiebelstückchen auflösen. Sie können auch mit einem Stabmixer nachhelfen.

Die Pizza ist leichter zu handhaben, wenn Sie diese in einer Pizzaform aus Blech in einem Feuertopf backen. Dazu ölen Sie die Form leicht mit Olivenöl ein und streuen reichlich Mehl darauf, damit der Teig nicht festklebt. Rollen Sie den Teig so groß aus, dass er gut über den Rand steht. Legen Sie den Teig in die Form und ziehen Sie den Rand über die Form. Verstreichen Sie die Sauce und belegen Sie den Teig mit einem Teil Käse sowie mit Thunfisch, Zwiebeln, Salami, etc. Zum Schluss kann noch eine zweite Schicht Käse über die Pizza gestreut werden. Diese üppig belegte Variante ist eher „American-Style", aber für die Pizza in einer Form gut geeignet, da der Boden ohnehin nicht richtig knusprig wird.

Heizen Sie den Feuertopf mit mittlerer Hitze von unten und oben und backen die Pizza 20–30 Minuten. Dann reiben Sie reichlich Parmesan über die Pizza und überbacken noch einmal für einige Minuten, wobei Sie sämtliche Kohlen von unten zusätzlich auf den Deckel legen.

MINI-PIZZA

Bei Kindergeburtstagen ist eine selbst belegte Mini-Pizza immer ein Höhepunkt. Wichtig ist ein dünner Teig und dass Sie die Kinder anhalten, die Pizza nur dünn zu belegen.

SO WIRD'S GEMACHT

Rollen Sie den Pizzateig etwa in der Größe eines Bierdeckels hauchdünn aus. Verteilen Sie Tomatensauce und die gewünschten Zutaten wie Schinken, Mais oder ähnliches und streuen Sie Käse darüber. Wer mag, gibt noch Salami oder Champignons darauf.

Die Mini-Pizza können Sie entweder in einem Feuertopf mit mittlerer Hitze von unten und extremer Hitze von oben backen oder auf der Grill- und Feuerplatte. Dazu benötigen Sie aber eine Umluftkuppel. Überbacken Sie die Mini-Pizza in beiden Fällen etwa 3–5 Minuten. Die Pizzen sind fertig, wenn der Belag zerlaufen und der Boden gebräunt ist.

PIZZABRÖTCHEN

Aus Brötchen vom Vortag können Sie leckere Pizzabrötchen zaubern, beim Belag sind der Fantasie keine Grenzen gesetzt.

ZUTATEN FÜR EINEN FT6 ODER FT9

- 6–8 Brötchen
- 500 g Saure Sahne
- 250 g Emmentaler, gerieben
- 250 g Salami
- 250 g Kochschinken
- 1–2 Paprikaschoten
- Oregano oder Pizzagewürz
- Pfeffer und Salz

SO WIRD'S GEMACHT

Mischen Sie in einer Schüssel die Saure Sahne mit dem Käse und der fein gewürfelten Paprikaschote, der Salami und dem Kochschinken. Würzen Sie mit Oregano oder Pizzagewürz und Pfeffer, vor dem Salzen unbedingt abschmecken, denn der Schinken und die Salami bringen meist schon genug Salz mit.

Halbieren Sie die Brötchen und verstreichen Sie die Masse großzügig darauf. Geben Sie die Brötchenhälften in den Feuertopf (geht nur in mehreren Portionen) und überbacken Sie mit wenig Hitze von unten und viel Hitze von oben, bis die Masse zerlaufen und gebräunt ist.

PIZZASCHNECKEN

ZUTATEN

- ft6 / ft9: Pizzateig aus 500 g Mehl
- ft12: Pizzateig aus 750 g Mehl
- ft18: Pizzateig aus 1000 g Mehl
- (siehe Grundrezept Seite 115)

FÜR DIE FÜLLUNG

- Tomatensauce (siehe Seite 116)
- Belag nach Belieben

SO WIRD'S GEMACHT

Für Pizzaschnecken rollen Sie einen Grundteig zu einem großen Rechteck aus und bestreichen ihn mit Tomatensauce. Belegen Sie ihn dann mit Zutaten Ihrer Wahl. Die Zutaten sollten bereits gegart sein oder Sie schwitzen Sie kurz in etwas Olivenöl in einer Pfanne an.

Rollen Sie das Ganze vorsichtig zu einer langen Rolle auf, damit die Tomatensauce nicht herausquillt. Schneiden Sie die Teigrolle mit einem großen, scharfen Messer in Scheiben und platzieren Sie diese auf den Schnittseiten mit etwas Abstand in einem Feuertopf. Mit 2–3 Briketts von unten und oben lassen Sie den Teig ein zweites Mal gehen, bis sich die Schnecken so vergrößert haben, dass der Topf vollständig gefüllt ist. Jetzt bestreuen Sie die Schnecken mit etwas Reibekäse und backen die Pizzaschnecken bei wenig Hitze von unten und mittlerer Hitze von oben etwa 20 Minuten aus, bis die Schnecken innen durchgebacken sind. Dann bräunen Sie den Käse, indem Sie den Deckel oben mit so viel Kohle belegen, wie darauf passt. Entfernen Sie die Kohlen unter dem Topf, damit die Schnecken nicht anbrennen.

Pizzaschnecken

SNACKS

ÜBERBACKENER CAMEMBERT

ZUTATEN PRO PORTION

1 Camembert

Preiselbeeren

SO WIRD'S GEMACHT

Nehmen Sie den Käse aus der Verpackung und stellen Sie ihn in einer feuerfesten Form in den Feuertopf. Bei mittlerer Hitze von oben und wenig Hitze von unten ist er nach einiger Zeit weich und zerfließt. Zum Bräunen geben Sie zum Schluss starke Hitze von oben und entfernen alle Briketts unter dem Topf.

Sie können den Käse auch zusätzlich mit Blätterteig umwickeln und backen. Servieren Sie beispielsweise Preiselbeeren dazu oder ein frisches Baguette.

KÄSEBÄLLCHEN

ZUTATEN

100 g Brie, 70 % F.i.Tr.

100 g Romadur

½ EL Schmelzkäse

1 Zwiebel

½ TL Chiliflocken

1 Prise Salz

1 Prise Pfeffer aus der Mühle

Semmelbrösel

Fett zum Ausbacken

SO WIRD'S GEMACHT

Schälen Sie die Zwiebel und schneiden Sie diese und den Käse in grobe Stücke. Pürieren Sie beides und würzen Sie mit Chiliflocken, Salz und Pfeffer. Fügen Sie ausreichend Semmelbrösel hinzu, sodass ein gut formbarer Teig entsteht.

Formen Sie mit feuchten Händen kleine Kugeln und wälzen Sie diese in den Semmelbröseln. Stellen Sie die fertigen Kugeln 1–2 Stunden ins Tiefkühlfach.

Backen Sie die Käsebällchen kurz in sprudelndem Fett im Feuertopf aus. Die Kruste sollte knusprig gebräunt sein. Schöpfen Sie die fertigen Käsebällchen mit einer Schaumkelle aus dem Topf und lassen Sie sie auf einem Küchenpapier abtropfen. Servieren Sie mit einer Sauce Ihrer Wahl.

Käsebällchen

EMPANADAS

Empanadas sind frittierte Teigtaschen, die mit Fleisch und Gemüse gefüllt sind und in Spanien eigentlich in jeder Tapas-Bar gereicht werden. Ursprünglich handelte es sich um ein Arme-Leute-Essen, bei dem die Reste vom Vortag gestreckt und somit verwertet wurden.

ZUTATEN FÜR 25 STÜCK

Pizzateig aus 500 g Mehl (siehe Seite 115)

500 g Pulled Pork (ca. 1 EL pro Stück)

Geschmorte Zwiebeln

Sauerkraut

SO WIRD'S GEMACHT

Bereiten Sie einen einfachen Pizza-Teig zu und rollen Sie diesen messerrückendick aus. Mit einem Glas oder einer Tasse – nicht zu klein – stechen Sie Kreise aus. Auf diese kommt ein Esslöffel Pulled Pork – oder andere Fleischsorten – und ein Klecks Topping. Coleslaw ist nicht so gut geeignet, besser sind die bereits vorgegarten Sorten wie geschmorte Zwiebeln oder Sauerkraut. Das Fleisch sollte sehr klein geschnitten sein. Damit es sich besser verarbeiten lässt, falten Sie den Teig über, bestreichen den Rand mit Eigelb oder Wasser und drücken die Ränder mit einer Gabel fest, um mit den Zinken der Gabel ein Muster zu erzeugen. Die Empanadas werden dann schwimmend in Fett – oder wie in Spanien in Olivenöl – ausgebacken und zum Abtropfen auf ein Küchentuch gelegt. Durch die Größe bedingt sind es nur zwei Bissen, wie bei Tapas üblich.

Sie können die Empanadas auch größer fertigen – etwa 15 cm Durchmesser –, dann werden meist zwei davon auf einem Teller pro Person gereicht. Diese werden nicht frittiert, sondern mit Eigelb bestrichen und im Ofen, auf dem Grill oder im Feuertopf gebacken.

Sandwicheisen

Das Petromax Sandwicheisen wird auseinandergehakt, beide Seiten werden erhitzt, kurz eingefettet und dann das vorbereitete Sandwich eingelegt. Es ist fertig, wenn die Außenseite getoastet und der Käse geschmolzen ist.
Bei der Zusammenstellung der Füllung sind der Kreativität kaum Grenzen gesetzt, wodurch es sich besonders für Kinder eignet. Achten Sie aber darauf, dass die Kinder das Sandwich nicht zu üppig belegen und vor allem nicht mit zu wässrigen Zutaten, denn dann wird es nicht knusprig, da die Feuchtigkeit nicht entweichen kann.
Sandwiches lassen sich sowohl süß als auch herzhaft zubereiten. Wichtig ist, immer eine Komponente dabei zu haben, die schmelzen kann, beispielsweise Käse oder NUTELLA®. Die Zutaten sollten immer vorgegart sein, denn ein Durchgaren ist nicht möglich, ohne dass dabei das Brot verbrennt.
Mit dem Sandwicheisen lassen sich aber nicht nur Toastscheiben mit Belag veredeln. Sie können auch beispielsweise Reibekuchenteig mit Speck- oder Mettwurststücken darin zubereiten.

SANDWICHES

Auch Sandwiches folgen ein wenig dem Motto: Man nehme, was man hat. Schinken, Bratenaufschnitt, Tomate, Frühlingszwiebeln – stellen Sie sich einfach Ihre Lieblingszutaten zusammen. Sie sollten nur nicht zu feucht sein.

ZUTATEN PRO PORTION

- 2 Scheiben Vollkorntoast
- etwas Butter
- 3–4 Scheiben gekochter Schinken
- ½ Tomate
- 1 Frühlingszwiebel
- 3–4 Scheiben Käse
- Salz und Pfeffer

SO WIRD'S GEMACHT

Bestreichen Sie die Toastscheiben mit etwas Butter und belegen Sie sie mit Käse. Verteilen Sie darauf den Schinken, die dünn geschnittenen Tomatenscheiben und die in Ringe geschnittene Frühlingszwiebel. Legen Sie darauf noch einmal Käsescheiben und schließen Sie mit der zweiten Toastscheibe.

Erhitzen Sie das Sandwicheisen, legen Sie die Sandwiches hinein und backen Sie diese bei mäßiger Hitze am Rande der Glut etwa 5 Minuten aus, bis das Brot gebräunt und der Käse verlaufen ist.

Achten Sie ein wenig darauf, dass die Zutaten nicht allzu sehr überstehen, damit der Käse nicht das Sandwicheisen verklebt.

Lagerfeuer-Spieße

Fallen die Worte Lagerfeuer und Backen, dann assoziiert nahezu jeder das Stockbrot. Typischerweise wird dazu ein Pizzateig um einen Holzstock gewickelt, den meist die Kinder begeistert in die Flammen halten. Als Eltern sollten Sie stets ein Auge drauf haben, damit das Stockbrot gelingt und nicht verbrennt. Die richtige Auswahl des Stockes ist hier nicht unerheblich. Er sollte stabil sein und nicht zu lang. Als Alternative bieten sich die Petromax Lagerfeuer-Spieße an, die genau dafür konzipiert sind. Die Spieße mit nach hinten gebogenen Zinken sind noch besser geeignet als die klassischen Gabelzinken, denn das Brot kann von diesen nicht ins Feuer fallen.

Die Spieße eignen sich auch für die Zubereitung einer ganzen Reihe anderer Snacks. Schneiden Sie beispielsweise Baguette erst längs auf und dann in handtellergroße Stücke, so können Sie diese durch die harte Kruste und nicht durch die weiche Krume aufspießen. Die Schnittfläche sollte nach unten zeigen. Bestreichen Sie das Brot vorher mit in der Glut gegartem Knoblauch, Salz und Olivenöl oder einfach mit Kräuterbutter. Dann können Sie sich bequem neben das Feuer stellen und die Spieße mit dem Brot knapp über die Glut halten. Dabei toasten Sie das Brot meist unter einer Minute und die Kinder können es sofort essen. Würstchen spießen Sie mit dem langen Zinken längs auf, nicht quer, so können diese nicht durchbrechen. Und auch Marshmallows fallen nur dann ins Feuer, wenn sie so weich sind, dass man sie ohnehin nicht mehr essen kann.

Denken Sie daran, dass man die Länge der Lagerfeuer-Spieße einstellen kann. Maximal ausgezogen sind sie gerade so lang, dass ein Erwachsener das Brot direkt über dem Feuer auf dem Boden grillen kann. Ist die Feuerstelle höher angebracht, dann verkürzen Sie einfach den Spieß.

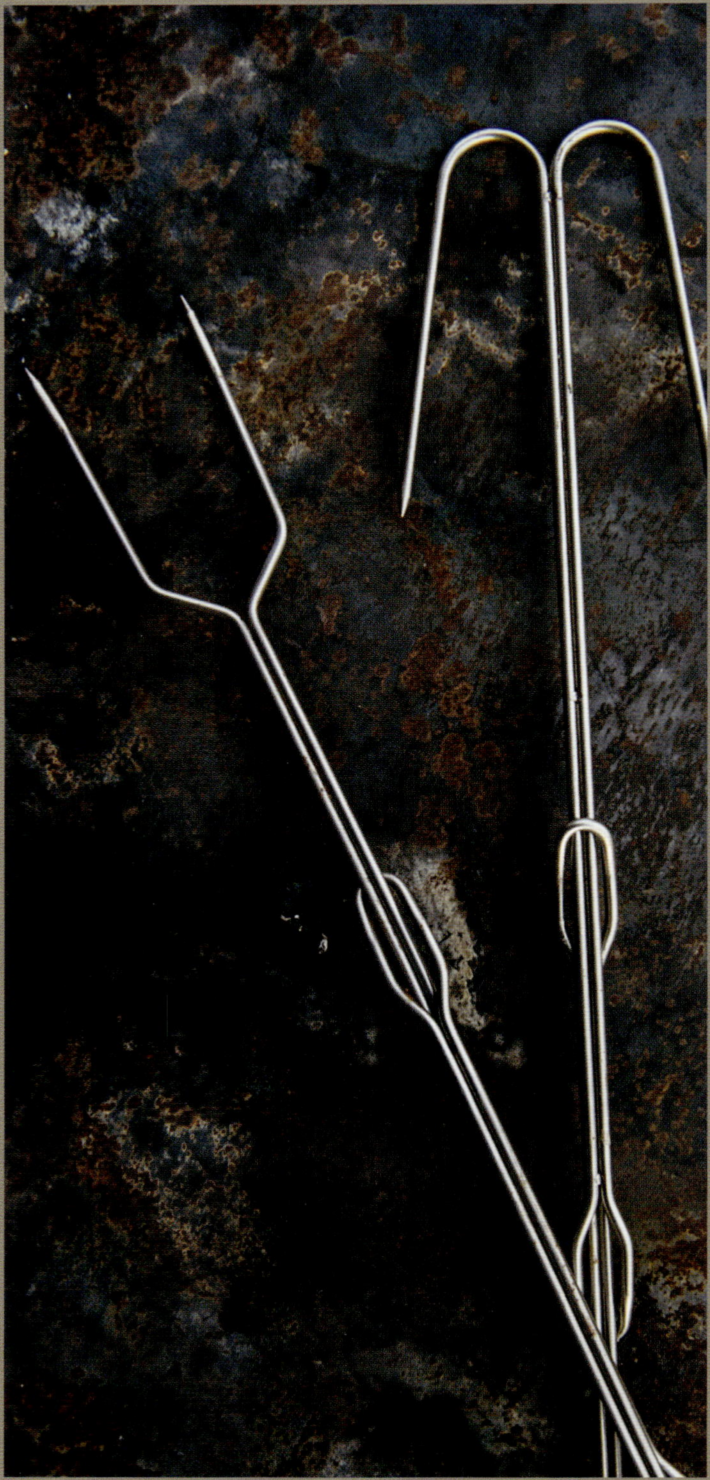

Petromax

KARTOFFEL-SPIRALEN

ZUTATEN PRO PORTION

1 Kartoffel, festkochend

etwas Magic-Dust-Gewürzmischung

SO WIRD'S GEMACHT

Schneiden Sie die rohe Kartoffel mithilfe eines Spiralschneiders oder eines scharfen Küchenmessers in dünne Spiralen. Spießen Sie die Kartoffel auf eine der beiden zurückgebogenen Zinken der Lagerfeuer-Spieße und würzen Sie sie mit etwas Magic Dust oder Paprikapulver.
Backen Sie die Kartoffel langsam bei mäßiger Hitze über dem Rand der Glut, bis sie durchgegart und leicht gebräunt ist.

Um Magic Dust selbst herzustellen, verrühren Sie:
6 EL Zucker, 6 EL braunen Zucker, 4 EL Paprika edelsüß, 4 EL Salz, 2 EL granulierten Knoblauch, 1 EL schwarzen Pfeffer, 1 EL granulierte Zwiebel

BRATEN

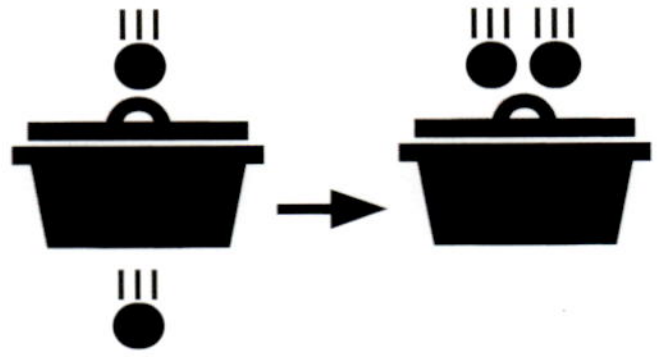

PIZZA-LEBERKÄSE

Die Kastenform von Petromax ist ideal geeignet, um darin einen Leberkäse zuzubereiten. Es geht natürlich auch mit jedem runden Feuertopf, aber die typische Leberkäseform fehlt dann. Sofern Sie die Masse nicht mit einem Cutter selbst herstellen wollen, greifen Sie auf fertig zubereitetes Brät vom Metzger zurück.

ZUTATEN FÜR EINE K4

1 ½ kg Leberkäsebrät

3 Paprika, rot, gelb, grün

Käse, nach Geschmack

Pizza-Gewürz, nach Geschmack

SO WIRD'S GEMACHT

Geben Sie das Leberkäsebrät in eine Schüssel und dazu die klein geschnittenen Paprika- und Käsewürfel. Kneten Sie die Einlage mit nassen Händen in das Brät ein und füllen Sie damit die eingefettete Form. Streichen Sie das Brät mit feuchten Händen glatt und schneiden Sie die Oberfläche mit einem scharfen Messer ein. Backen Sie den Leberkäse je nach Menge und Dicke. Als Faustregel gilt: 1 Stunde pro Kilogramm. Das Brät muss eine Kerntemperatur von mindestens 75 °C erreicht haben. Dafür benötigen Sie nur wenig Hitze oben und unten. Für die Kastenform bedeutet dies, dass Sie 6 Briketts an die Form anlegen und 4 auf dem Deckel platzieren. Zum Schluss kommen alle Briketts auf den Deckel bzw. auf die Kastenform, um dem Leberkäse eine Kruste zu zaubern.
Vor dem Servieren sollte der Leberkäse einige Minuten bei Zimmertemperatur ruhen. Danach schneiden Sie ihn in Scheiben. Legen Sie die Leberkäsescheiben jeweils in ein Brötchen. Der kalte Leberkäse kann am nächsten Tag in der Pfanne gebraten werden.

SCHINKEN IM BROTTEIG

Früher wurde der Schinken im Brotteig häufig als Höhepunkt eines festlichen Mahls gereicht. Inzwischen ist er aber aus der Mode gekommen – allerdings zu unrecht. Versuchen Sie es einmal, der Aufwand ist gering im Vergleich zum Wow-Effekt.

ZUTATEN

1 kg gepökelter, vorgegarter (wichtig!) Schweinebraten, alternativ Kassler

FÜR DEN TEIG:

500 g Roggenmehl Type 1150

500 g Weizenmehl Type 550

2 Tütchen Trockenhefe

2 Tütchen flüssiger Sauerteig (75-g-Tütchen)

1 TL Salz

warmes Wasser

SO WIRD'S GEMACHT

Kneten Sie die Zutaten für den Teig mit einer Küchenmaschine oder mit der Hand, bis die Konsistenz etwas feuchter als „erdfeucht" ist, aber auch nicht so flüssig wie Pfannkuchenteig. Geben Sie den Teig in eine bemehlte Schüssel, decken Sie ihn ab und lassen Sie ihn bei Zimmertemperatur ruhen, bis er sich verdoppelt hat. Kneten Sie den Teig noch einmal kurz, um ihn dann auszurollen. Setzen Sie den vorgegarten Braten in die Mitte und schlagen Sie den Teig so über den Braten, dass Sie ihn gut verschließen können. Hier ist etwas handwerkliches Geschick gefordert. Lassen Sie den Teig noch etwa 1 Stunde gehen, bepinseln Sie ihn mit etwas Wasser und legen Sie ihn in einen gut bemehlten Feuertopf. Hierfür eignet sich ein ft12, es geht allerdings auch in einem ft9, wenn der Braten hinein passt.
Backen Sie das Brot bei geringer Hitze unten und mittlerer Hitze oben und kontrollieren Sie es nach 15–20 Minuten. Nach 30–45 Minuten sollte es fertig sein und der Braten eine Kerntemperatur von 65 °C aufweisen.

Nützliche Ausstattung und Zubehör

Feuerpfannen

Die Feuerpfannen von Petromax sind aus Gusseisen gefertigt und in verschiedenen Größen mit zwei Henkeln sowie mit einem Henkel und einem Pfannenstiel erhältlich. Sie eignen sich zum Kochen oder Backen.

Ein typisches Gericht, das in der Pfanne gebacken werden kann, besteht darin, Früchte in Karamell anzuschwitzen, mit einem Teigdeckel abzudecken und dann im Feuertopf zu backen. Zum Servieren wird der Teig mit den Früchten entweder ausgelöffelt oder die Form gestürzt – ähnlich einem Upside-Down-Kuchen.

Wenn Sie am Lagerfeuer Brot oder Kuchen in der Pfanne backen möchten, sollten Sie zunächst durch Unterhitze den Teig soweit härten, dass Sie im zweiten Schritt die Pfanne aufrecht vor die Strahlungshitze des Feuers stellen können. So können Sie dann die Oberfläche bräunen und gleichzeitig den Teig von oben durchbacken.

Feuertopf Tische fe45 und fe90

Die Feuertopf Tische fe45 und fe90 bieten mit einer Arbeitsfläche von 45 x 45 cm bzw. 45 x 90 cm eine bequeme Arbeitshöhe im Freien. Die massiven Beine tragen bis zu 100 kg Gewicht und ermöglichen

– je nach Größe – das Kochen mit bis zu drei Feuertöpfen gleichzeitig. Ohne Standbeine lässt sich der Tisch auf jeder beliebigen hitzefesten Unterlage aufstellen.

Stapelrost/Gussrost-Einsatz

Bei vielen leckeren Backwaren ist es besser, wenn sie nicht zu viel Unterhitze bekommen. Empfindlich sind insbesondere Speisen, bei denen sich unten Flüssigkeit sammelt. Um sie von der Unterhitze abzukoppeln, sollten Sie diese in eine Backform oder ein Pizzablech geben und auf einen Gussrost-Einsatz stellen. Ein Stapelrost mit mehr Bodenfreiheit ist aber meist nicht nötig. Auch die Feuerpfannen mit Henkeln passen in verschiedene Feuertöpfe.

Der Gussrost-Einsatz ist neben dem Einsatz im Feuertopf auch als Untersetzer geeignet. So können Sie beispielsweise Pfannen auf dem Tisch abstellen, ohne dass dieser schwarze Flecken von der Unterseite der Pfannen bekommt oder durch den heißen Pfannenboden leidet.

Deckelheber

Zu jedem Feuertopf sollten Sie einen Deckelheber besitzen. Auch wenn Sie die Deckel mit verschiedenen improvisierten Deckelhebern anheben können, ist ein passender und solider Deckelheber ein Garant dafür, dass das Kochen auch wirklich Spaß macht. Der Petromax Deckelheber hebt den Deckel nicht nur an, sondern klemmt ihn auch so fest, dass man den Deckel drehen und die Kohle komplett herabschütten kann.

Cabix Plus Briketts

Der große Vorteil dieser Entwicklung aus dem Hause Petromax ist die Luftzirkulation durch das Rillenprofil. Die große Auflagefläche und die aschearme Verbrennung der Briketts sorgen für eine stabile Hitze und erleichtern das anschließende Reinigen. Die aus natürlichen Rohstoffen der Kokosmilchproduktion hergestellten Briketts haben eine Brenndauer von 2–4 Stunden und sind außerdem umweltfreundlich, nachhaltig und CO_2-neutral.

Spritzflaschen für Öl

Um das Öl zum Braten mit Bratplatten oder Pfannen gezielt und auch aus einiger Entfernung zu verteilen, haben sich Plastikflaschen mit dünnem Ausgießer bewährt. Sie können damit das Öl in dünnem Strahl auch aus 30 oder 40 cm Entfernung genau dosieren.

Pfannenknecht

Ein Pfannenknecht ist dazu gedacht, die Pfanne auf ein Feuer zu stellen. Sie können ihn aber auch dazu verwenden, den mit Kohlen beladenen Deckel eines Feuertopfes abzustellen oder die Pfanne in die Mitte des Tisches zu stellen. Der Petromax Pfannenknecht besitzt einige Eigenschaften, die ihn für die Feuerküche draußen auszeichnen: Er ist stabil, eine Pfanne kann – festen Untergrund vorausgesetzt – mit 100 kg und mehr belastet werden, ohne dass der Pfannenknecht nachgibt. Das ist auch notwendig, denn es gibt nichts Schlimmeres, als wackelige Töpfe und Pfannen am Lagerfeuer.

Der Pfannenknecht hat an den Beinen abgewinkelte Enden, die nach innen geknickt sind, damit er leichter verpackt werden kann. Nach dem Aufklappen können Sie den einen Schenkel noch in das gegenüberliegende Bein einhaken. Der Pfannenknecht besitzt drei Beine, denn drei Beine wackeln nie! Sie können alle Pfannen von Petromax problemlos darauf verwenden. Die Höhe des Pfannenknechtes ist so ausgelegt, dass Sie die Pfannen mit daumendickem Holz beheizen, nicht mit Holzkohlebriketts. Ein Pfannenknecht gehört zu den fünf wichtigsten Ausrüstungsgegenständen beim Kochen am Lagerfeuer, zusammen mit: Handschuhen, einer Kohleschaufel, einer Grill- und Kohlenzange und einem Deckelheber.

Pfannenwender

Beim Backen von Pfannkuchen in

Pfannen oder auf der Grill- und Feuerplatte ist ein Pfannenwender hilfreich. Die Pfannenwender von Petromax zeichnen sich durch einen aufgenieteten Holzgriff aus, der in zwei Längen zu haben ist. Die Palette am Ende des Pfannenwenders verjüngt sich vom Ansatz bis zum Ende kontinuierlich. So können Sie mit dem relativ dünnen Ende unter die Pfannkuchen gleiten und das etwas dickere Ende gibt Stabilität, sodass Sie auch schwere Steaks damit wenden können, ohne dass Ihnen das Bratgut vom Pfannenwender rutscht.

Handschuhe

Beim Kochen und Backen am Lagerfeuer oder überhaupt mit Feuer ist es wichtig, die heißen und meist schweren Kochgeschirre sicher anfassen zu können. Hierfür sind hitzefeste Handschuhe unumgänglich.

Um das Ausziehen zu erleichtern, gibt es die Handschuhe nur in einer Größe, und zwar sehr groß, damit Sie sie auch einfach so von den Händen wegschleudern können.

Grill- und Kohlenzange

Beim Kochen am Lagerfeuer hat sich schon seit Jahrhunderten die eine oder andere Art Zange im Kaminbesteck etabliert. Auch für den modernen Feuerkoch ist eine Zange unverzichtbar.

Die Zangen sollten so stabil sein, dass man problemlos ein Holzscheit

von zwei Kilogramm Gewicht sicher damit halten und platzieren kann. Sie sind sowohl für die Kohlen als auch für das Grillgut geeignet.

Pflegepaste für Guss- und Schmiedeeisen

Die lebensmittelechte Pflegepaste eignet sich ideal zur Pflege, aber auch zum Einbrennen von guss- oder schmiedeeisernen Töpfen und Pfannen und bildet eine Patina, die vor Rost und dem ungewollten Anhaften von Speisen schützt.

Ringreiniger

Mit einem Ringreiniger lassen sich Feuertöpfe und -pfannen auch ohne Spülmittel reinigen, ohne die Oberfläche zu strapazieren. Den Feuertopf einfach abkühlen und evtl. kurz in Wasser einweichen lassen. Dann mit warmem Wasser und dem Ringreiniger die verbliebenen Rückstände abreiben.

Emaille-Geschirr

Outdoor-Fans schätzen die Leichtigkeit und Strapazierfähigkeit von Emaille-Geschirr. Die gebrannte Oberfläche ist hitzebeständig und kratzfest. Der Ring aus Edelstahl schützt die Kanten und schließt die Tassen, Schüsseln und Teller hygienisch ab.

Petromax

Kochen unter freiem Himmel

176 Seiten, ca. 150 farbige Abb., 183 x 225 mm, Paperback
€ (D) 18,–
ISBN 978-3-86852-361-4

192 Seiten, zahlreiche Farbfotos, 140 x 210 mm, Flexicover
€ (D) 19,99
ISBN 978-3-95843-048-8

128 Seiten, 185 x 225 mm, zahlreiche Farbfotos, Paperback
€ (D) 12,99
ISBN 978-3-96664-182-1

192 Seiten, 180 x 230 mm, zahlreiche Farbfotos, gebunden
€ (D) 22,–
ISBN 978-3-95843-809-5

80 Seiten, 183 x 225 mm, zahlreiche Farbfotos, Paperback
€ (D) 9,99
ISBN 978-3-95843-867-5

144 Seiten, zahlreiche Farbfotos, 203 x 254 mm, Paperback
€ (D) 19,99
ISBN 978-3-95843-227-7

160 Seiten, 210 x 260 mm, gebunden
€ (D) 19,99
ISBN 978-3-95843-635-0

160 Seiten, 210 x 260 mm, zahlreiche Farbfotos, gebunden
€ (D) 19,99
ISBN 978-3-95843-874-3

288 Seiten, 243 x 213mm, Paperback
€ (D) 29,95
ISBN 978-3-95843-577-3

176 Seiten, zahlreiche Farbfotos, 203 x 254mm, Paperback
€ (D) 24,99
ISBN 978-3-95843-483-7

176 Seiten, zahlreiche Farbfotos, 250 x 308 mm, gebunden
€ (D) 29,95
ISBN 978-3-95843-365-6

168 Seiten, 187 x 231 mm, zahlreiche Farbfotos, gebunden
€ (D) 19,99
ISBN 978-3-95843-939-9

Unser komplettes Programm erhalten Sie in jeder Buchhandlung und unter unter www.heel-verlag.de